Elegias de Duíno

Outras obras do autor, em português: Alguns poemas e Cartas a um jovem poeta (poesia)/ Apaixonantemente (poesia)/ Os cadernos de Malte Laurids Brigge (romance)/ Histórias do bom Deus (contos)/ Poemas à noite (coletânea de poemas de Rainer Maria Rilke e George Trakl)/ As rosas (poesia)/ Sonetos a Orfeu e Elegias de Duíno (poesia)/ Cartas sobre Cezanne (cartas)/ Jardins (poesia)/ A princesa branca: cena à beira-mar (teatro)/ Rilke: poesia-coisa (poesia)/ A vida de Maria: levo uma tempestade dentro de mim/ O livro das horas (poesia)/ o amor de Madalena (sermão)/ Poemas: Rilke (poesia).

Rainer Maria Rilke

Elegias de Duíno

tradução e comentários:
Dora Ferreira da Silva

prefácio:
Sérgio Augusto de Andrade

edição bilingüe,
revista pela tradutora

3ª reimpressão

EDITORA GLOBO

Revisão: Nair Hitomi Kayo e Gizele Santos
Capa: inc. design editorial
Foto de capa: Regina Stella, da série "O ateliê da Margot"
Foto da contracapa: Stoch Photos / Corbis

1ª edição, 1972 – 3ª reimpressão, 1984
2ª edição, revista, 2001
3ª reimpressão, 2010

Dados Internacionais de Catalogação na Publicação (CIP)
(Câmara Brasileira do Livro, SP, Brasil)

Rilke, Rainer Maria, 1875-1926
Elegias de Duíno / Rainer Maria Rilke : tradução e comentários Dora Ferreira da Silva ; prefácio Sérgio Augusto de Andrade. – São Paulo : Globo, 2001.

Título original:Duineser Elegien.
Bibliografia.
ISBN 85-250-3374-X

1. Poesia alemã 2. Rilke, Rainer Maria, 1875-1926 – Crítica e interpretação I. Andrade, Sérgio Augusto de. II. Título

01-3107 CDD-831

Índice para catálogo sistemático:
1. Poesia : Literatura alemã 831

Direitos de edição em língua portuguesa, para o Brasil,
adquiridos por
EDITORA GLOBO S. A.
Av. Jaguaré, 1485 – 05346-902 – São Paulo / SP
Tel.: 0XX 11 3362-2000
E-mail: atendimento@edglobo.com.br

Rainer Maria Rilke nasceu no dia 4 de dezembro de 1875, em Praga, quando a Boêmia integrava o império austro-húngaro. Educado pela mãe dentro de um rigoroso catolicismo, teve uma formação cultural essencialmente germânica. Após os estudos preparatórios em Linz e Praga, em 1896 ingressou na Universidade de Munique, onde estudou história da arte. Publicou aos 19 anos seu primeiro livro, *Vida e canções*. Entre 1895 e 1900 lançaria três outros trabalhos, considerados menores. Foi então que conheceu Lou Salomé, amiga e discípula de Nietzsche. De sua viagem à Rússia nasceria a primeira grande obra do autor, *O livro das horas*, ao qual se seguiram *Novos poemas* (1907-1908), *Elegias de Duíno* (1922) e *Sonetos a Orfeu* (1922). Porém, seu livro mais famoso é *Cartas a um jovem poeta*, escritas entre 1903 e 1908, mostrando a um neófito, o alemão Franz Xaver Kappus, os caminhos do mundo interior do escritor. Entre 1902 e 1912 passeia e dá conferências em vários países europeus. Depois da Primeira Guerra Mundial fixa-se na Suíça alemã. Quatro meses depois de publicar seus poemas franceses, fere-se acidentalmente na mão. O ferimento agrava a leucemia de que sofria, falecendo no sanatório de Valmont em 29 de dezembro de 1926.

Dora Ferreira da Silva, poeta e tradutora, teve sua obra coligida em 2000 no volume *Poesia reunida*. Sobre ela escreveram alguns dos mais ilustres críticos e poetas brasileiros e estrangeiros, como Gerardo de Mello Mourão, Eurialo Cannabrava, José Paulo Paes, Cassiano Ricardo, Nogueira Moutinho e Vilém Flusser. Recebeu, ainda em 2000, o prêmio ABL de poesia.

SÉRGIO AUGUSTO DE ANDRADE é formado em grego e latim e escreve para várias revistas e jornais de São Paulo sobre cultura e comportamento, além de já ter publicado um romance premiado, *Pinto calçudo ou Os últimos dias de Serafim Ponte Grande*. Sua principal ocupação é a crítica.

Sumário

Comentários

Prefácio

Quando Rainer Maria Rilke começou a escrever suas elegias no castelo de Duíno – uma antiga construção erguida em rochedos sobre o mar Adriático, perto de Trieste – a arte estava aprendendo a brincar; era o destino de Rilke relembrar ao mundo as virtudes da circunspecção. Por mais de um motivo, seus versos não sorriam com facilidade.

Gloriosamente indiferente ao seu tempo, a poesia de Rilke era grave, solene e majestosa como mármore grego; enquanto todos pareciam empenhados em descobrir o lirismo histérico de locomotivas e arranha-céus, Rilke só se concentrava em inventar anjos. Sua voz soava naturalmente ancestral: era a voz de um oráculo murmurando segredos sobre o abandono enquanto sonhava, delirando, sob algum templo perdido. Os segredos de Rainer Maria Rilke parecem todos reunidos em suas *Elegias de Duíno*.

É tentador acreditar que o castelo de Duíno tenha mesmo servido não só para a inspiração de Rilke mas inclusive para a de Dante Alighieri – que supostamente também teria escrito, em seu interior, partes d'*A Divina Comédia*. Talvez seja uma impertinência comparar *A Divina Comédia* a rigorosamente qualquer outra criação humana – ou sobre-humana –, mas a verdade é que, enquanto Dante imaginava um universo irremediavelmente fadado à beatitude, repleto de luz e de todo tipo de criaturas, seis séculos mais tarde Rilke só conseguia vislumbrar em seu mundo a noite, a reclusão e o silêncio. Mesmo assim, fosse situar sua perspectiva sob o compasso da eternidade de Pascal, sua poesia parecia emanar não de algum centro preciso, mas de toda a circunferência. Era como se todo o céu estivesse com febre.

O mal-estar de Rilke só não se confundia com o da civilização porque parecia muito anterior a ela: a bem da verdade, a poesia de Rilke parece anterior a todos nós. Sua afinidade mais essencial é com as coisas e os animais; a humanidade não lhe é particularmente preciosa. Quando elogiou um dos bustos de Balzac que Rodin havia esculpido, Rilke comentou que seu rosto não era de um homem, mas de um elemento. Mais radical que Rodin, Rilke tentou recuperar, em suas elegias, um tipo de transcendência que vai ao mesmo tempo muito além de todos os rostos e de todos os elementos; o pouco que encontra é o material bruto de seus versos.

Talvez por isso, em sua obra, sob a agitação aparentemente ininterrupta dos negócios humanos, desenha-se uma arquitetura de essências muito mais rarefeita e muito menos generosa que a flácida ficção de nossos triunfos ou nossos projetos. A poesia de Rainer Maria Rilke sempre flertou com o perene – e nunca o descobriu entre nós. Não havia motivo para celebração. Rilke não celebrava.

Como certas montanhas e certos abismos, as *Elegias de Duíno* não são de fácil acesso – mas provavelmente o hermetismo de sua dicção seja só uma das faces de sua majestade. Sua dificuldade não é só técnica – como poderia comprovar, por exemplo, Peter Szondi, que, ao apresentar um seminário sobre as dez elegias, não conseguiu ultrapassar os quarenta primeiros versos. É uma dificuldade ligeiramente mais comprometedora – como admitiu Heidegger, reconhecendo que, para uma leitura abrangente das elegias, nós não só não estamos preparados, como não somos sequer qualificados. O problema é nosso, não de Rilke: talvez tenhamos nos desacostumado, cedo demais, ao esplendor.

Nosso isolamento só pode ser atenuado pela fantasia da instável vizinhança com anjos. É um consolo ambíguo – como lembra um dos versos mais sugestivos da primeira elegia, anjos não sabem se caminham entre vivos ou mortos. Com um pouco mais de lucidez, nós também não saberíamos.

Em nenhum momento de suas elegias Rilke dá a impressão de estar se dirigindo aos vivos; a hipótese de um diálogo com a tradição, por outro lado, nunca me pareceu convincente: o simples formato de sua poesia não é motivo suficiente para autorizar uma aproximação com a tradição elegíaca clássica de Goethe e Schiller.

As *Elegias de Duíno* são um mundo à parte, radicalmente isolado tanto de nossa memória quanto da ansiedade inocente de nossa esperança. Para a moralidade ascética e imaculada de suas elegias, a simples presença humana representa um ruído equivocado: "anjo e boneco", escreveu Rilke, "haverá por fim espetáculo". É um espetáculo no qual o homem não é um ator; um espetáculo para o qual o homem não é sequer um convidado bem-vindo. Sua poesia parece se desenvolver, entre anjos e bonecos, no intervalo entre o desaparecimento do mundo exterior e os primeiros indícios de que o mundo interior talvez não fosse também particularmente confiável. É um hiato entre dois vazios.

A atenção de Rilke acaba confinada, desse modo, aos momentos mais privilegiados de sua encenação das essências. E à constatação desolada de como vivemos exilados de tais momentos. Em mais de um sentido, o exílio é nosso destino; ao contrário das árvores – que são; da casa – que resiste; ou das pequenas criaturas, que sempre permanecem no centro do que as criou: como a mosca, que salta interiormente "ainda mesmo/ nas núpcias"; do pássaro, que fende o ar como se fosse "a alma liberta de um etrusco/ que o espaço acolheu"; ou do morcego, riscando, com seu vôo, a "porcelana da tarde". Para as *Elegias de Duíno* mesmo nossa perdição é um espetáculo delicado: "aquela vazia plenitude/ onde o cálculo de muitos algarismos/ se resolve sem números". Rilke transformou a ontologia num réquiem: sua poesia é a música de um cálculo sem números.

As *Elegias de Duíno* começaram a ser escritas em 1912, e praticamente só foram retomadas dez anos mais tarde no castelo de Muzot, na Suíça – que Rilke não considerava um país, mas simplesmente uma "conspiração de hotéis". Entre os dois períodos, o mundo conheceu pela primeira vez o trauma de uma guerra mundial; nada poderia ter sido mais indiferente para a poesia de Rilke. Suas elegias nunca disseram respeito a nada histórico; é provável que nunca tenham dito respeito a nada sequer temporal. Para o escândalo de muitos, seu ideal era outro.

Foi essa irredutível obsessão pelo impalpável que talvez tenha levado Mason a comentar que o grande desejo de Rilke muito provavelmente tenha sido conferir à interioridade uma dimensão monumental. As *Elegias de Duíno* são a melhor prova de como, para Rilke, todo monumento é vazio.

Desse modo, quem tentasse estudar sua poesia cedo ou tarde acabava desconcertado: sua obra nunca foi dócil. Essa resistência a todos – e a suspeita de uma virtual simpatia por formas primitivas de fascismo – acabou fazendo com que Walter Muschg comentasse que Rilke havia se tornado o "ídolo de uma geração sem homens". Duvido que Rilke se sentisse de alguma maneira honrado por ter se tornado algum tipo de ídolo; mas, se fosse de uma geração sem homens, é provável que nem se importasse muito. Rainer Maria Rilke nunca escreveu para os homens.

Apresentadas aqui na primorosa tradução da grande Dora Ferreira da Silva, que parece ler Rilke através de Heidegger e Hölderlin, as *Elegias de Duíno* continuam atestando que a grande poesia só pode tratar de um mundo transumano.

Por isso, acusá-lo de conservador é uma censura não só imprecisa mas positivamente absurda: Rainer Maria Rilke foi um poeta para quem a história não precisava existir. Para serem lidas, as *Elegias de Duíno* tinhar a eternidade.

SÉRGIO AUGUSTO DE ANDRADE

Elegias de Duíno

Duineser Elegien

Die erste Elegie

Wer, wenn ich schriee, hörte mich denn aus der Engel
Ordnungen? und gesetzt selbst, es nähme
einer mich plötzlich ans Herz: ich verginge von seinem
stärkeren Dasein. Denn das Schöne ist nichts
als des Schrecklichen Anfang, den wir noch grade ertragen,
und wir bewundern es so, weil es gelassen verschmäht,
uns zu zerstören. Ein jeder Engel ist schrecklich.
Und so verhalt ich mich denn und verschlucke den Lockruf
dunkelen Schluchzens. Ach, wen vermögen
wir denn zu brauchen? Engel nicht, Menschen nicht,
und die findigen Tiere merken es schon,
daß wir nicht sehr verläßlich zu Haus sind
in der gedeuteten Welt. Es bleibt uns vielleicht
irgendein Baum an dem Abhang, daß wir ihn täglich
wiedersähen; es bleibt uns die Straße von gestern

Primeira elegia

Quem, se eu gritasse, entre as legiões dos Anjos
me ouviria? E mesmo que um deles me tomasse
inesperadamente em seu coração, aniquilar-me-ia
sua existência demasiado forte. Pois que é o Belo
senão o grau do Terrível que ainda suportamos
e que admiramos porque, impassível, desdenha
destruir-nos? Todo Anjo é terrível.
E eu me contenho, pois, e reprimo o apelo
do meu soluço obscuro. Ai, quem nos poderia
valer? Nem Anjos, nem homens
e o intuitivo animal logo adverte
que para nós não há amparo
neste mundo definido. Resta-nos, quem sabe,
a árvore de alguma colina, que podemos rever
cada dia; resta-nos a rua de ontem

und das verzogene Treusein einer Gewohnheit,
der es bei uns gefiel, und so blieb sie und ging nicht.
O und die Nacht, die Nacht, wenn der Wind voller Weltraum
uns am Angesicht zehrt –, wem bliebe sie nicht, die ersehnte,
sanft enttäuschende, welche dem einzelnen Herzen
mühsam bevorsteht. Ist sie den Liebenden leichter?
Ach, sie verdecken sich nur miteinander ihr Los.
Weißt du's *noch* nicht? Wirf aus den Armen die Leere
zu den Räumen hinzu, die wir atmen; vielleicht daß die Vögel
die erweiterte Luft fühlen mit innigerm Flug.

Ja, die Frühlinge brauchten dich wohl. Es muteten manche
Sterne dir zu, daß du sie spürtest. Es hob
sich eine Woge heran im Vergangenen, oder
da du vorüberkamst am geöffneten Fenster,
gab eine Geige sich hin. Das alles war Auftrag.
Aber bewältigtest du's? Warst du nicht immer
noch von Erwartung zerstreut, als kündigte alles
eine Geliebte dir an? (Wo willst du sie bergen,
da doch die großen fremden Gedanken bei dir
aus und ein gehn und öfters bleiben bei Nacht.)
Sehnt es dich aber, so singe die Liebenden; lange
noch nicht unsterblich genug ist ihr berühmtes Gefühl.
Jene, du neidest sie fast, Verlassenen, die du
so viel liebender fandst als die Gestillten. Beginn'
immer von neuem die nie zu erreichende Preisung;
denk: es erhält sich der Held, selbst der Untergang war ihm
nur ein Vorwand, zu sein: seine letzte Geburt.

e o apego cotidiano de algum hábito
que se afeiçoou a nós e permaneceu.
E a noite, a noite, quando o vento pleno dos espaços
do mundo desgasta-nos a face – a quem se furtaria ela,
a desejada, ternamente enganosa, sobressalto para o
coração solitário? Será mais leve para os que se amam?
Ai, apenas ocultam eles, um ao outro, seu destino.
Não o sabias? Arroja o vácuo aprisionado em teus braços
para os espaços que respiramos – talvez os pássaros
sentirão o ar mais dilatado, num vôo mais comovido.

Sim, as primaveras precisavam de ti.
Muitas estrelas queriam ser percebidas.
Do passado profundo afluía uma vaga, ou
quando passavas sob uma janela aberta,
um violino se abandonava. Tudo isto era missão.
Acaso a cumpriste? Não estavas sempre
distraído, à espera, como se tudo
anunciasse a amada? (Onde queres abrigá-la,
se grandes e estranhos pensamentos vão e vêm
dentro de ti e, muitas vezes, se demoram nas noites?)
Se a nostalgia vier, porém, canta as amantes;
ainda não é bastante imortal sua celebrada ternura.
Tu quase as invejas – essas abandonadas
que te pareceram tão mais ardentes que as
apaziguadas. Retoma infinitamente o inesgotável
louvor. Lembra-te: o herói permanece, sua queda
mesma foi um pretexto para ser – nascimento supremo.

Aber die Liebenden nimmt die erschöpfte Natur
in sich zurück, als wären nicht zweimal die Kräfte,
dieses zu leisten. Hast du der Gaspara Stampa
denn genügend gedacht, daß irgendein Mädchen,
dem der Geliebte entging, am gesteigerten Beispiel
dieser Liebenden fühlt: daß ich würde wie sie?
Sollen nicht endlich uns diese ältesten Schmerzen
fruchtbarer werden? Ist es nicht Zeit, daß wir liebend
uns vom Geliebten befrein und es bebend bestehn:
wie der Pfeil die Sehne besteht, um gesammelt im Absprung
mehr zu sein als er selbst. Denn Bleiben ist nirgends.

Stimmen, Stimmen. Höre, mein Herz, wie sonst nur
Heilige hörten: daß sie der riesige Ruf
aufhob vom Boden; sie aber knieten,
Unmögliche, weiter und achtetens nicht:
So waren sie hörend. Nicht, daß du *Gottes* ertrügest
die Stimme, bei weitem. Aber das Wehende höre,
die ununterbrochene Nachricht, die aus Stille sich bildet.
Es rauscht jetzt von jenen jungen Toten zu dir.
Wo immer du eintratst, redete nicht in Kirchen
zu Rom und Neapel ruhig ihr Schicksal dich an?
Oder es trug eine Inschrift sich erhaben dir auf,
wie neulich die Tafel in Santa Maria Formosa.
Was sie mir wollen? Leise soll ich des Unrechts
Anschein abtun, der ihrer Geister
reine Bewegung manchmal ein wenig behindert.

Mas às amantes, retoma-as a natureza no seio
esgotado, como se as forças lhe faltassem
para realizar duas vezes a mesma obra.
Com que fervor lembraste Gaspara Stampa,
cujo exemplo sublime faça enfim pensar uma jovem
qualquer, abandonada pelo amante: por que não sou
como ela? Frutificarão afinal esses longínquos
sofrimentos? Não é tempo daqueles que amam libertar-se
do objeto amado e superá-lo, frementes?
Assim a flecha ultrapassa a corda, para ser no vôo
mais do que ela mesma. Pois em parte alguma se detém.

Vozes, vozes. Ouve, meu coração, como outrora apenas
os santos ouviam, quando o imenso chamado
os erguia do chão; eles porém permaneciam ajoelhados,
os prodigiosos, e nada percebiam,
tão absortos ouviam. Não que possas suportar
a voz de Deus, longe disso. Mas ouve essa aragem,
a incessante mensagem que o silêncio prodiga.
Ergue-se agora, para que ouças, o rumor
dos jovens mortos. Onde quer que fosses,
nas igrejas de Roma e Nápoles, não ouvias a voz
de seu destino tranqüilo? Ou inscrições não se ofereciam,
sublimes? A estela funerária em Santa Maria Formosa...
O que pede essa voz? A ansiada libertação
da aparência de injustiça que às vezes perturba
a agilidade pura de suas almas.

Freilich ist es seltsam, die Erde nicht mehr zu bewohnen,
kaum erlernte Gebräuche nicht mehr zu üben,
Rosen, und andern eigens versprechenden Dingen
nicht die Bedeutung menschlicher Zukunft zu geben;
das, was man war in unendlich ängstlichen Händen,
nicht mehr zu sein, und selbst den eigenen Namen
wegzulassen wie ein zerbrochenes Spielzeug.
Seltsam, die Wünsche nicht weiterzuwünschen. Seltsam,
alles, was sich bezog, so lose im Raume
flattern zu sehen. Und das Totsein ist mühsam
und voller Nachholn, daß man allmählich ein wenig
Ewigkeit spürt. – Aber Lebendige machen
alle den Fehler, daß sie zu stark unterscheiden.
Engel (sagt man) wüßten oft nicht, ob sie unter
Lebenden gehn oder Toten. Die ewige Strömung
reißt durch beide Bereiche alle Alter
immer mit sich und übertönt sie in beiden.

Schließlich brauchen sie uns nicht mehr, die Früheentrückten,
man entwöhnt sich des Irdischen sanft, wie man den Brüsten
milde der Mutter entwächst. Aber wir, die so große
Geheimnisse brauchen, denen aus Trauer so oft
seliger Fortschritt entspringt –: *könnten* wir sein ohne sie?
Ist die Sage umsonst, daß einst in der Klage um Linos
wagende erste Musik dürre Erstarrung durchdrang;
daß erst im erschrockenen Raum, dem ein beinah göttlicher Jüngling
plötzlich für immer enttrat, die Leere in jene
Schwingung geriet, die uns jetzt hinreißt und tröstet und hilft.

É estranho, sem dúvida, não habitar mais a terra,
abandonar os hábitos apenas aprendidos,
às rosas e a outras coisas singularmente promissoras
não atribuir mais o sentido do vir-a-ser humano;
o que se era, entre mãos trêmulas, medrosas,
não mais o ser; abandonar até mesmo o próprio nome
como se abandona um brinquedo partido.
Estranho, não desejar mais nossos desejos. Estranho,
ver no espaço tudo quanto se encadeava, esvoaçar,
desligado. E o estar-morto é penoso
e quantas tentativas até encontrar em seu seio
um vestígio de eternidade. – Os vivos cometem
o grande erro de distinguir demasiado
bem. Os Anjos (dizem) muitas vezes não sabem
se caminham entre vivos ou mortos.
Através das duas esferas, todas as idades a corrente
eterna arrasta. E a ambas domina com seu rumor.

Os mortos precoces não precisam de nós, eles
que se desabituam do terrestre, docemente,
como de suave seio maternal. Mas nós,
ávidos de grandes mistérios, nós que tantas vezes
só através da dor atingimos a feliz transformação, sem eles
poderíamos ser? Inutilmente foi que outrora, a primeira
música para lamentar Linos, violentou a rigidez da
matéria inerte? No espaço que ele abandonava, jovem,
quase deus, pela primeira vez o vácuo estremeceu
em vibrações – que hoje nos trazem êxtase, consolo e amparo.

Die zweite Elegie

Jeder Engel ist schrecklich. Und dennoch, weh mir,
ansing ich euch, fast tödliche Vögel der Seele,
wissend um euch. Wohin sind die Tage Tobiae,
da der Strahlendsten einer stand an der einfachen Haustür,
zur Reise ein wenig verkleidet und schon nicht mehr furchtbar;
(Jüngling dem Jüngling, wie er neugierig hinaussah).
Träte der Erzengel jetzt, der gefährliche, hinter den Sternen
eines Schrittes nur nieder und herwärts: hochauf-
schlagend erschlüg uns das eigene Herz. Wer seid ihr?

Frühe Geglückte, ihr Verwöhnten der Schöpfung,
Höhenzüge, morgenrötliche Grate
aller Erschaffung, – Pollen der blühenden Gottheit,
Gelenke des Lichtes, Gänge, Treppen, Throne,
Räume aus Wesen, Schilde aus Wonne, Tumulte

SEGUNDA ELEGIA

TODO ANJO É TERRÍVEL. No entanto, ai de mim, eu vos invoco,
pássaros quase mortais da alma, sabendo quem sois.
Tempos remotos de Tobias, em que o mais radiante dentre vós
aparecia no limiar da casa humilde, sem intimidar,
para a viagem levemente disfarçado (jovem que outro jovem,
curioso, contemplava). Adiantasse agora o Arcanjo,
ameaça de trás das estrelas, um passo apenas
para o nosso lado: no grande sobressalto
destruir-nos-ia o próprio coração. Quem sois?

Precoces perfeições, vós, privilegiados,
perfil dos altos cumes, cimos alvorecentes
de toda criação – pólen da divindade em flor,
articulações de luz, corredores, escadas, tronos,
recintos da essência, escudos de alegria, tumultos

stürmisch entzückten Gefühls und plötzlich, einzeln,
Spiegel: die die entströmte eigene Schönheit
wiederschöpfen zurück in das eigene Antlitz.

Denn wir, wo wir fühlen, verflüchtigen; ach wir
atmen uns aus und dahin; von Holzglut zu Holzglut
geben wir schwächern Geruch. Da sagt uns wohl einer:
ja, du gehst mir ins Blut, dieses Zimmer, der Frühling
füllt sich mit dir... Was hilfts, er kann uns nicht halten,
wir schwinden in ihm und um ihn. Und jene, die schön sind,
o wer hält sie zurück? Unaufhörlich steht Anschein
auf in ihrem Gesicht und geht fort. Wie Tau von dem Frühgras
hebt sich das Unsre von uns, wie die Hitze von einem
heißen Gericht. O Lächeln, wohin? O Aufschaun:
neue, warme, entgehende Welle des Herzens –;
weh mir: wir *sinds* doch. Schmeckt denn der Weltraum,
in den wir uns lösen, nach uns? Fangen die Engel
wirklich nur Ihriges auf, ihnen Entströmtes,
oder ist manchmal, wie aus Versehen, ein wenig
unseres Wesens dabei? Sind wir in ihre
Züge soviel nur gemischt wie das Vage in die Gesichter
schwangerer Frauen? Sie merken es nicht in dem Wirbel
ihrer Rückkehr zu sich. (Wie sollten sie's merken.)

Liebende könnten, verstünden sie's, in der Nachtluft
wunderlich reden. Denn es scheint, daß uns alles
verheimlicht. Siehe, die Bäume *sind*; die Häuser,
die wir bewohnen, bestehn noch. Wir nur

de êxtases tempestuosos, e, subitamente
solitários, espelhos cuja beleza reflui
restituída à face que se contempla.

O sentir em nós, ai, é o dissipar-se –
exalamos nosso ser; e de uma a outra ardência
nos desvanecemos. Alguma vez nos dizem:
"circulas no meu sangue, este quarto, a primavera,
estão cheios de ti". Inutilmente procuram nos reter.
Evolamos. E aqueles que são belos, oh, quem os
deteria? A aparência transita sem descanso em seu rosto
e se dissipa. Tal o orvalho da manhã
e o calor do alimento, o que é nosso
flutua e desaparece. Ó sorrisos, para onde?
E tu, olhar erguido, fugitiva onda ardente e nova
do coração? Ai de nós, assim *somos*.
Estará o mundo impregnado de nós, pois que
nele nos perdemos? E os Anjos,
retomarão apenas o que deles emanou?
Talvez um pouco de humano se encontre às vezes
em seus traços, como o vago no rosto das mulheres
grávidas? Eles porém nada percebem,
no turbilhão da volta a si mesmos. (Como o saberiam?)

Se o soubessem, os Amantes diriam
estranhas coisas no ar noturno. No entanto, parece
que tudo nos oculta. Olhai, as árvores *são*; as casas
que habitamos, resistem. Somente nós passamos,

ziehen allem vorbei wie ein luftiger Austausch.
Und alles ist einig, uns zu verschweigen, halb als
Schande vielleicht und halb als unsägliche Hoffnung.

Liebende, euch, ihr in einander Genügten,
frag ich nach uns. Ihr greift euch. Habt ihr Beweise?
Seht, mir geschiehts, daß meine Hände einander
inne werden oder daß mein gebrauchtes
Gesicht in ihnen sich schont. Das gibt mir ein wenig
Empfindung. Doch wer wagte darum schon zu *sein*?
Ihr aber, die ihr im Entzücken des anderen
zunehmt, bis er euch überwältigt
anfleht: nicht *mehr* –; die ihr unter den Händen
euch reichlicher werdet wie Traubenjahre;
die ihr manchmal vergeht, nur weil der andre
ganz überhandnimmt: euch frag ich nach uns. Ich weiß,
ihr berührt euch so selig, weil die Liebkosung verhält,
weil die Stelle nicht schwindet, die ihr, Zärtliche,
zudeckt; weil ihr darunter das reine
Dauern verspürt. So versprecht ihr euch Ewigkeit fast
von der Umarmung. Und doch, wenn ihr der ersten
Blicke Schrecken besteht und die Sehnsucht am Fenster,
und den ersten gemeinsamen Gang, *ein* Mal durch den Garten:
Liebende, *seid* ihrs dann noch? Wenn ihr einer dem andern
euch an den Mund hebt und ansetzt –: Getränk an Getränk:
o wie entgeht dann der Trinkende seltsam der Handlung.

permuta aérea, em face de tudo. E tudo conspira
para que silenciemos: o pudor, ou
quem sabe que indizível esperança.

Amantes, que vos bastais, qual nosso segredo?
Há contato entre vós. Teríeis provas?
Às vezes minhas mãos se reconhecem ou
meu rosto gasto nelas tenta se abrigar.
Isto me dá uma certa consciência de mim mesmo.
Quem, no entanto, por tão pouco ousaria *ser*?
Mas vós, acrescidos no êxtase um do outro
– até que exausto, um suplique: basta! –, vós,
cujas mãos descobrem a riqueza dos anos de vinho
e que vos dissolveis para que o outro domine,
pergunto-vos: qual nosso segredo? Eu sei,
bem-aventurado é vosso contato, pois
as carícias sutilmente protegem, retêm
a duração pura; e o amplexo, não vos promete quase
a eternidade? Quando resistis ao sobressalto
dos primeiros olhares, à ansiosa espera
à janela, ou quando ultrapassais
o primeiro passeio, juntos,
num jardim: amantes, *sois* vós ainda?
Quando um no outro pousais os vossos
lábios, como taças, oh, como se evade
então, estranhamente, o embriagado.

Erstaunte euch nicht auf attischen Stelen die Vorsicht
menschlicher Geste? war nicht Liebe und Abschied
so leicht auf die Schultern gelegt, als wär es aus anderm
Stoffe gemacht als bei uns? Gedenkt euch der Hände,
wie sie drucklos beruhen, obwohl in den Torsen die Kraft steht.
Diese Beherrschten wußten damit: so weit sind wirs,
dieses ist unser, uns *so* zu berühren; stärker
stemmen die Götter uns an. Doch dies ist Sache der Götter.

Fänden auch wir ein reines, verhaltenes, schmales
Menschliches, einen unseren Streifen Fruchtlands
zwischen Strom und Gestein. Denn das eigene Herz übersteigt uns
noch immer wie jene. Und wir können ihm nicht mehr
nachschaun in Bilder, die es besänftigen, noch in
göttliche Körper, in denen es größer sich mäßigt

Admirastes nas estelas gregas a prudência
do gesto humano? O amor e o adeus sobre as espáduas
pousavam de leve, como se de outra matéria fossem
feitos, que nós desconhecemos. Lembrai-vos das mãos que,
sem peso, se apoiavam, apesar dos corpos vigorosos. Senhores
de si mesmos, eles sabiam: aqui estamos,
em nosso palpável domínio; mais poderosamente
os deuses podem nos premir. Isso é assunto dos deuses.

Ah, encontrássemos também nós
uma estreita faixa de terra fértil, puramente
humana, entre a torrente e a rocha!
Pois nosso coração nos ultrapassa ainda como outrora
e é impossível saciá-lo em figuras apaziguantes,
ou em corpos divinos que, imensos, o moderam.

Die dritte Elegie

Eines ist, die Geliebte zu singen. Ein anderes, wehe,
jenen verborgenen schuldigen Fluß-Gott des Bluts.
Den sie von weitem erkennt, ihren Jüngling, was weiß er
selbst von dem Herren der Lust, der aus dem Einsamen oft,
ehe das Mädchen noch linderte, oft auch als wäre sie nicht,
ach, von welchem Unkenntlichen triefend, das Gotthaupt
aufhob, aufrufend die Nacht zu unendlichem Aufruhr.
O des Blutes Neptun, o sein furchtbarer Dreizack.
O der dunkele Wind seiner Brust aus gewundener Muschel.
Horch, wie die Nacht sich muldet und höhlt. Ihr Sterne,
stammt nicht von euch des Liebenden Lust zu dem Antlitz
seiner Geliebten? Hat er die innige Einsicht
in ihr reines Gesicht nicht aus dem reinen Gestirn?

Terceira elegia

Uma coisa é cantar a amada. Outra, ai de mim,
é cantar o culpado e oculto Deus-Rio do sangue.
Aquele que a amada reconhece de longe, seu amante, que sabe
ele do Senhor da Volúpia que tantas vezes o assaltava
em plena solidão, antes que a mulher amada o abrandasse,
como se nem mesmo ela existisse? Como o deus emergia
a irreconhecível face gotejante, invocando a noite
para o delírio infinito! Oh, Netuno do sangue,
com o hediondo tridente e o vento obscuro de seu peito,
concha enrodilhada! Ouve como a noite se escava
e se esvazia. Não se origina em vós, estrelas, o prazer
que o amante respira no rosto da amada? A compreensão
[profunda
de sua face pura, não a tomou ele das constelações tranqüilas?

Du nicht hast ihm, wehe, nicht seine Mutter
hat ihm die Bogen der Brau'n so zur Erwartung gespannt.
Nicht an dir, ihn fühlendes Mädchen, an dir nicht
bog seine Lippe sich zum fruchtbarern Ausdruck.
Meinst du wirklich, ihn hätte dein leichter Auftritt
also erschüttert, du, die wandelt wie Frühwind?
Zwar du erschrakst ihm das Herz; doch ältere Schrecken
stürzten in ihn bei dem berührenden Anstoß.
Ruf ihn... du rufst ihn nicht ganz aus dunkelem Umgang.
Freilich, er *will*, er entspringt; erleichtert gewöhnt er
sich in dein heimliches Herz und nimmt und beginnt sich.
Aber begann er sich je?
Mutter, *du* machtest ihn klein, du warsts, die ihn anfing;
dir war er neu, du beugtest über die neuen
Augen die freundliche Welt und wehrtest der fremden.
Wo, ach, hin sind die Jahre, da du ihm einfach
mit der schlanken Gestalt wallendes Chaos vertratst?
Vieles verbargst du ihm so; das nächtlich verdächtige Zimmer
machtest du harmlos, aus deinem Herzen voll Zuflucht
mischtest du menschlichern Raum seinem Nacht-Raum hinzu.
Nicht in die Finsternis, nein, in dein näheres Dasein
hast du das Nachtlicht gestellt, und es schien wie aus Freundschaft.
Nirgends ein Knistern, das du nicht lächelnd erklärtest,
so als wüßtest du längst, *wann* sich die Diele benimmt...
Und er horchte und linderte sich. So vieles vermochte
zärtlich dein Aufstehn; hinter den Schrank trat
hoch im Mantel sein Schicksal, und in die Falten des Vorhangs
paßte, die leicht sich verschob, seine unruhige Zukunft.

Tu não foste, ai, sua mãe não foi, quem assim
distendeu o arco espectante de suas sobrancelhas.
Não foi ao teu encontro, jovem terna e sensível,
que se animaram esses lábios numa expressão fecunda.
Crês que assim o agitaria teu passo ligeiro,
ó tu que te moves como a brisa da manhã?
Apavoraste, entretanto, seu coração; antigos
terrores nele despertaram a esse embate.
Chama-o... Não podes arrancá-lo inteiramente ao
convívio sombrio. Mas ele *quer* e se evade; abrandado,
habitua-se à intimidade do teu coração e toma e se inicia.
Porém, iniciou-se ele alguma vez?
Mãe, fizeste-o pequeno, tu foste o seu início.
Ele era tão novo… Inclinaste o mundo amigo
para seus olhos novos e apartaste o que era estranho.
Onde, onde estão os anos em que tua forma esbelta
bastava para lhe ocultar o vacilante caos?
Tantas coisas assim dissimulaste: a escuridão suspeita
do quarto, tornaste inofensiva; de teu coração,
refúgio pleno, um espaço mais humano retiraste,
para uni-lo ao espaço de suas noites. Não nas trevas,
mas em tua presença mais próxima pousaste a luz noturna,
como luz de amizade. Nenhum ruído que não explicasses,
sorrindo, como se há muito soubesses *quando* o pavimento
assim se comportava. E ele ouvia, apaziguado, tal era o
[poder
da tua suave permanência. Atrás do armário se ocultava,
num manto enorme, seu destino e as desordenadas linhas
do futuro inquieto, às dobras da cortina se amoldavam.

Und er selbst, wie er lag, der Erleichterte, unter
schläfernden Lidern deiner leichten Gestaltung
Süße lösend in den gekosteten Vorschlaf -:
schien ein Gehüteter... Aber *innen:* wer wehrte,
hinderte innen in ihm die Fluten der Herkunft?
Ach, da *war* keine Vorsicht im Schlafenden; schlafend,
aber träumend, aber in Fiebern: wie er sich einließ.
Er, der Neue, Scheuende, wie er verstrickt war,
mit des innern Geschehens weiterschlagenden Ranken
schon zu Mustern verschlungen, zu würgendem Wachstum,
[zu tierhaft
jagenden Formen. Wie er sich hingab –. Liebte.
Liebte sein Inneres, seines Inneren Wildnis,
diesen Urwald in ihm, auf dessen stummem Gestürztsein
lichtgrün sein Herz stand. Liebte. Verließ es, ging die
eigenen Wurzeln hinaus in gewaltigen Ursprung,
wo seine kleine Geburt schon überlebt war. Liebend
stieg er hinab in das ältere Blut, in die Schluchten,
wo das Furchtbare lag, noch satt von den Vätern. Und jedes
Schreckliche kannte ihn, blinzelte, war wie verständigt.
Ja, das Entsetzliche lächelte... Selten
hast du so zärtlich gelächelt, Mutter. Wie sollte
er es nicht lieben, da es ihm lächelte. *Vor* dir
hat ers geliebt, denn, da du ihn trugst schon,
war es im Wasser gelöst, das den Keimenden leicht macht.

Siehe, wir lieben nicht, wie die Blumen, aus einem
einzigen Jahr; uns steigt, wo wir lieben,

E quando ele jazia, o aplacado, sob
cujas pálpebras sonolentas tua leve forma
suavemente se perdia, parecia amparado...
Quem impedia, porém, quem retinha
nas profundezas de seu ser os fluxos da origem?
Ah, não havia precaução no adormecido; dormindo,
a sonhar, febril, como se abandonava!
Ele, o novo, o perturbado, como se enredava
nas garras vegetais do vir-a-ser interior,
como se emaranhava em primitivas estruturas, em
formas que fugiam, bestiais, crescentes
e opressivas! Como ele se entregava! Amava.
Amava seu mundo interior, caos selvagem,
bosque antiqüíssimo e adormecido, sobre cujo
silencioso despenhar verde-luz, seu coração
se erguia. Amava. Abandonado, as próprias raízes mergulhou
na origem poderosa, onde sobrevivia seu pequeno nascimento.
Desceu, amando, ao sangue mais antigo, ao abismo
onde jaz o Espanto, regurgitado pelos ancestrais.
E cada sobressalto o reconhecia e acenava, conivente.
Sim, o Horror sorriu-lhe... Poucas vezes com tal ternura sorriste,
mãe. Como não amaria ele o que assim lhe sorria? Antes
[de ti
ele o amou, pois quando o trazias, estava dissolvido
na água que torna mais leve a semente.

Não amamos como as flores, depois de uma
estação; circula em nossos braços, quando amamos,

unvordenklicher Saft in die Arme. O Mädchen,
dies: daß wir liebten *in* uns, nicht Eines, ein Künftiges, sondern
das zahllos Brauende; nicht ein einzelnes Kind,
sondern die Väter, die wie Trümmer Gebirgs
uns im Grunde beruhn; sondern das trockene Flußbett
einstiger Mütter –; sondern die ganze
lautlose Landschaft unter dem wolkigen oder
reinen Verhängnis –: *dies* kam dir, Mädchen, zuvor.

Und du selber, was weißt du –, du locktest
Vorzeit empor in dem Liebenden. Welche Gefühle
wühlten herauf aus entwandelten Wesen. Welche
Frauen haßten dich da. Was für finstere Männer
regtest du auf im Geäder des Jünglings? Tote
Kinder wollten zu dir... O leise, leise,
tu ein liebes vor ihm, ein verläßliches Tagwerk, – führ ihn
nah an den Garten heran, gib ihm der Nächte
Übergewicht...
                    Verhalt ihn...

a seiva imemorial. Ó jovem, amávamos *em* nós,
não um ser futuro, mas o fermento inumerável;
não uma criança, entre todas, mas os pais,
ruínas de montanhas repousando em nossas
profundezas; e o seco leito fluvial das mães
de outrora; e toda a paisagem silenciosa,
sob o destino puro ou nebuloso: –
eis aqui, jovem, o que adveio antes de ti.

E tu mesma, que sabes? Conjuraste
no amado a pré-história obscura... Que
sentimentos, em seres desaparecidos agitaste!
Que mulheres, nele, te odiaram! Que homens
sombrios em suas veias jovens despertaste!
Crianças mortas para ti se volveram...
Oh, retoma diante dele, docemente,
uma tranqüila tarefa cotidiana – dá-lhe a paz
dos jardins e o contrapeso das noites...
Retém-no...

Die vierte Elegie

O Bäume Lebens, o wann winterlich?
Wir sind nicht einig. Sind nicht wie die Zug-
vögel verständigt. Überholt und spät,
so drängen wir uns plötzlich Winden auf
und fallen ein auf teilnahmslosen Teich.
Blühn und verdorrn ist uns zugleich bewußt.
Und irgendwo gehn Löwen noch und wissen,
solang sie herrlich sind, von keiner Ohnmacht.

Uns aber, wo wir eines meinen ganz,
ist schon des andern Aufwand fühlbar. Feindschaft
ist uns das Nächste. Treten Liebende
nicht immerfort an Ränder, eins im andern,
die sich versprachen Weite, Jagd und Heimat.
Da wird für eines Augenblickes Zeichnung
ein Grund von Gegenteil bereitet, mühsam,

Quarta elegia

Ó árvores da vida, quando atingireis o inverno?
Ignoramos a unidade. Não somos lúcidos como as aves
migradoras. Precipitados ou vagarosos
nos impomos repentinamente aos ventos
e tornamos a cair num lago indiferente.
Conhecemos igualmente o florescer e o murchar.
No entanto, em alguma parte, vagueiam leões ainda,
alheios ao desamparo enquanto vivem seu esplendor.

Nós, porém, quando pensamos totalmente o Uno,
logo sentimos o lastro do Outro. A hostilidade
aguarda, muito perto. Os amantes
não hesitam, sem cessar,
entre limites – eles que aspiravam refúgio, espaço, busca?
Compõe-se, então, para a fugitiva imagem de um momento,
um fundo de oposição, penosamente, para que

daß wir sie sähen; denn man ist sehr deutlich
mit uns. Wir kennen den Kontur
des Fühlens nicht: nur, was ihn formt von außen.
Wer saß nicht bang vor seines Herzens Vorhang?
Der schlug sich auf: die Szenerie war Abschied.
Leicht zu verstehen. Der bekannte Garten,
und schwankte leise: dann erst kam der Tänzer.
Nicht *der*. Genug. Und wenn er auch so leicht tut,
er ist verkleidet und er wird ein Bürger
und geht durch seine Küche in die Wohnung.
Ich will nicht diese halbgefüllten Masken,
lieber die Puppe. Die ist voll. Ich will
den Balg aushalten und den Draht und ihr
Gesicht und Aussehn. Hier. Ich bin davor.
Wenn auch die Lampen ausgehn, wenn mir auch
gesagt wird: Nichts mehr –, wenn auch von der Bühne
das Leere herkommt mit dem grauen Luftzug,
wenn auch von meinen stillen Vorfahrn keiner
mehr mit mir dasitzt, keine Frau, sogar
der Knabe nicht mehr mit dem braunen Schielaug:
Ich bleibe dennoch. Es giebt immer Zuschaun.

Hab ich nicht recht? Du, der um mich so bitter
das Leben schmeckte, meines kostend, Vater,
den ersten trüben Aufguß meines Müssens,
da ich heranwuchs, immer wieder kostend
und, mit dem Nachgeschmack so fremder Zukunft

a possamos ver; que clareza se nos proporciona,
a nós que ignoramos o contorno da sensação,
aderidos ao exterior de sua forma. – Quem
desconhece a angustiosa espera diante
do palco sombrio do próprio coração?
Olhai: ergue-se o pano sobre o cenário
de um adeus. Fácil de compreender. O jardim habitual
a oscilar ligeiramente. Só então aparece o bailarino.
Ele não. Basta. E enquanto se move com desenvoltura,
muda de aspecto; torna-se um burguês
e entra na casa pela porta da cozinha.
Não quero essas máscaras ocas, prefiro
o boneco de corpo cheio. Susterei
o títere, os cordéis e o rosto
feito de aparência. Estou aqui, à espera.
Ainda que as lâmpadas se apaguem, ainda
que me digam: "acabou-se" – ainda que do palco
se evole o vácuo na corrente de ar cinzento,
ainda que os antepassados silenciosos
não estejam ao meu lado, nem mulher, nem mesmo
a criança de olhos castanhos e estrábicos –,
ficarei à espera. Sempre há o que ver.

Não tenho razão? Tu, que por mim provaste
a amargura da vida, pai, penetrando
a minha, tu, que provaste a infusão
turva de meu destino, quando ao teu lado
crescia, e, inquieto pelo ressaibo de futuro

beschäftigt, prüftest mein beschlagnes Aufschaun, -
der du, mein Vater, seit du tot bist, oft
in meiner Hoffnung innen in mir Angst hast,
und Gleichmut, wie ihn Tote haben, Reiche
von Gleichmut, aufgibst für mein bißchen Schicksal,
hab ich nicht recht? Und ihr, hab ich nicht recht,
die ihr mich liebtet für den kleinen Anfang

Liebe zu euch, von dem ich immer abkam,
weil mir der Raum in eurem Angesicht,
da ich ihn liebte, überging in Weltraum,
in dem ihr nicht mehr wart... Wenn mir zumut ist,
zu warten vor der Puppenbühne, nein,
so völlig hinzuschaun, daß, um mein Schauen
am Ende aufzuwiegen, dort als Spieler
ein Engel hinmuß, der die Bälge hochreißt.
Engel und Puppe: dann ist endlich Schauspiel.
Dann kommt zusammen, was wir immerfort
entzwein, indem wir da sind. Dann entsteht
aus unsern Jahreszeiten erst der Umkreis
des ganzen Wandelns. Über uns hinüber
spielt dann der Engel. Sieh, die Sterbenden,
sollten sie nicht vermuten, wie voll Vorwand
das alles ist, was wir hier leisten. Alles
ist nicht es selbst. O Stunden in der Kindheit,
da hinter den Figuren mehr als nur
Vergangnes war und vor uns nicht die Zukunft.
Wir wuchsen freilich, und wir drängten manchmal,

tão estranho, puseste à prova
meu olhar velado ainda – tu, meu pai,
que desde que morreste, tantas vezes
na esperança que levo em mim, tens medo,
e que por meu destino incerto abandonas
a serenidade dos mortos, reinos
de serenidade, não tenho razão?

E vós – não tenho razão? –, vós que me
amastes pelo tímido início de amor
que vos tinha e do qual me evadia,
pois o espaço que amava em vosso rosto
em espaço cósmico se transformava. – Enquanto
aguardo diante do palco dos títeres – não,
quando me transformar inteiramente num intenso
olhar, um Anjo surgirá para refazer
o equilíbrio, como o ator que anima os títeres.
Anjo e boneco: haverá por fim espetáculo.
Congrega-se então o que, sem cessar,
nossa existência mesma desagrega. E nasce
das nossas estações o ciclo da transformação
total. Muito acima de nós, o Anjo brincará.
Olhai, os moribundos não mais suspeitariam
que é pretexto e irrealidade tudo o que aqui
fazemos. Oh, dias da infância, em que atrás
das figuras havia mais do que passado e em que
diante de nós não se abria o futuro!
Crescíamos, é certo, aspirando, às vezes,

bald groß zu werden, denen halb zulieb,
die andres nicht mehr hatten als das Großsein.
Und waren doch in unserem Alleingehn
mit Dauerndem vergnügt und standen da
im Zwischenraume zwischen Welt und Spielzeug,
an einer Stelle, die seit Anbeginn
gegründet war für einen reinen Vorgang.

Wer zeigt ein Kind, so wie es steht? Wer stellt
es ins Gestirn und gibt das Maß des Abstands
ihm in die Hand? Wer macht den Kindertod
aus grauem Brot, das hart wird, – oder läßt
ihn drin im runden Mund so wie den Gröps
von einem schönen Apfel?... Mörder sind
leicht einzusehen. Aber dies: den Tod,
den ganzen Tod, noch *vor* dem Leben so
sanft zu enthalten und nicht bös zu sein,
ist unbeschreiblich.

tornar-nos grandes, talvez por amor
daqueles que nada mais tinham, senão
o "ser grandes". E lá permanecíamos,
em nossos caminhos solitários,
na alegria do perdurável, nos limites
do mundo e do brinquedo, no espaço que desde
a origem foi criado para um puro evento.

Quem mostra uma criança tal como é? Quem a
situa na constelação com a medida da distância
em suas mãos? Quem faz sua morte
com pão cinzento que endurece – ou a abandona
dentro da boca redonda, como o coração
de urna bela maçã?... Compreendemos facilmente
os criminosos. Mas isto: conter a morte,
toda a morte, ainda *antes* da vida,
tão docemente contê-la e não ser perverso,
isto é inefável.

DIE FÜNFTE ELEGIE

Frau Hertha Koenig zugeeignet

WER ABER *SIND* SIE, sag mir, die Fahrenden, diese ein wenig
Flüchtigern noch als wir selbst, die dringend von früh an
wringt ein *wem, wem* zu Liebe
niemals zufriedener Wille? Sondern er wringt sie,
biegt sie, schlingt sie und schwingt sie,
wirft sie und fängt sie zurück; wie aus geölter,
glatterer Luft kommen sie nieder
auf dem verzehrten, von ihrem ewigen
Aufsprung dünneren Teppich, diesem verlorenen
Teppich im Weltall.
Aufgelegt wie ein Pflaster, als hätte der Vorstadt-
Himmel der Erde dort wehe getan.
Und kaum dort,

QUINTA ELEGIA

dedicada a Frau Hertha von Kœnig

MAS QUEM SÃO ELES, dizei-me, os saltimbancos, um pouco
mais efêmeros que nós mesmos, desde a infância
por alguém torcidos – por amor
de que vontade jamais saciada? Entretanto ela os torce,
curva-os, entretece-os, vibra-os,
atira-os e os toma de volta! Do ar untado
e mais liso, eles resvalam
sobre o tapete gasto (adelgaçado
pelo eterno salto), esse tapete
perdido no universo.
Emplastro aderido lá, onde o céu
do subúrbio feriu a terra.
E apenas lá,

aufrecht, da und gezeigt: des Dastehns
großer Anfangsbuchstab..., schon auch, die stärksten
Männer, rollt sie wieder, zum Scherz, der immer
kommende Griff, wie August der Starke bei Tisch
einen zinnenen Teller.

Ach und um diese
Mitte, die Rose des Zuschauns:
blüht und entblättert. Um diesen
Stampfer, den Stempel, den von dem eignen
blühenden Staub getroffnen, zur Scheinfrucht
wieder der Unlust befruchteten, ihrer
niemals bewußten, – glänzend mit dünnster
Oberfläche leicht scheinlächelnden Unlust.

Da: der welke, faltige Stemmer,
der alte, der nur noch trommelt,
eingegangen in seiner gewaltigen Haut, als hätte sie früher
zwei Männer enthalten, und einer
läge nun schon auf dem Kirchhof, und er überlebte den andern,
taub und manchmal ein wenig
wirr, in der verwitweten Haut.

Aber der junge, der Mann, als wär er der Sohn eines Nackens
und einer Nonne: prall und strammig erfüllt
mit Muskeln und Einfalt.

Oh ihr,
die ein Leid, das noch klein war,

ereto, mostra a grande maiúscula
inicial da Derelicção... e já o renitente
agarrar torna a rolar os homens mais fortes,
por jogo, como outrora Augusto o Forte, à mesa,
brincando com pratos de zinco.

Ah! e em torno desse centro,
a rosa do contemplar:
floresce e desfolha. Em torno do
triturador, o pistilo atingido por seu próprio
pólen florescente, novamente fecundado – fruto
aparente do desgosto, inconsciente de si mesmo –
com a fina superfície a brilhar
num sorriso leve, simulado.

Lá, o murcho, o enrugado atleta,
o velho que apenas rufla o tambor,
encolhido na pele poderosa como se outrora tivesse contido
dois homens e um já estivesse
morto, enquanto o outro sobrevive ainda,
surdo e um pouco perturbado,
às vezes, na pele viúva.

E o jovem, o homem, como se fosse o filho
de uma nuca e de uma freira: retesado e vigoroso,
cheio de músculos e de simplicidade.

Ó vós,
que um sofrimento ainda pequeno

einst als Spielzeug bekam, in einer seiner
langen Genesungen...

Du, der mit dem Aufschlag,
wie nur Früchte ihn kennen, unreif,
täglich hundertmal abfällt vom Baum der gemeinsam
erbauten Bewegung (der, rascher als Wasser, in wenig
Minuten Lenz, Sommer und Herbst hat) –
abfällt und anprallt ans Grab:
manchmal, in halber Pause, will dir ein liebes
Antlitz entstehn hinüber zu deiner selten
zärtlichen Mutter; doch an deinen Körper verliert sich,
der es flächig verbraucht, das schüchtern
kaum versuchte Gesicht. Und wieder
klatscht der Mann in die Hand zu dem Ansprung, und eh dir
jemals ein Schmerz deutlicher wird in der Nähe des immer
trabenden Herzens, kommt das Brennen der Fußsohln
ihm, seinem Ursprung, zuvor mit ein paar dir
rasch in die Augen gejagten leiblichen Tränen.
Und dennoch, blindlings,
das Lächeln ...

Engel! o nimms, pflücks, das kleinblütige Heilkraut.
Schaff eine Vase, verwahrs! Stells unter jene, uns noch nicht
offenen Freuden; in lieblicher Urne
rühms mit blumiger schwungiger Aufschrift:
Subrisio Saltat.

Du dann, Liebliche,
du, von den reizendsten Freuden

ganhou alguma vez como brinquedo,
numa de suas longas convalescenças...

Tu, que imaturo, com o baque
apenas conhecido pelos frutos, tu que cem vezes
por dia cais da árvore do movimento construído
em conjunto (árvore mais ágil que a água, percorrendo
em minutos primavera, verão e outono) – cais e roças
o túmulo: às vezes, num breve intervalo, a ternura
hesita em teu rosto, diante de tua mãe raramente
carinhosa; mas logo se perde no corpo
que dissipa, leviano, a expressão tímida e incompleta...
E o homem torna a bater as mãos para o salto... Antes
que a dor se torne mais nítida e próxima do teu coração
sempre alterado, antecipa-a e à sua origem, o ardor
das plantas dos pés, que empurra à flor dos
olhos algumas lágrimas corpóreas.
E contudo, às cegas,
o sorriso...

Anjo, toma, colhe a erva medicinal de flores singelas!
Modela um vaso e dá-lhe abrigo! Preserva-a entre as
alegrias não desabrochadas; celebra-a em
carinhosa urna, com uma inscrição florida e inspirada:
Subrisio Saltat.

E tu, graciosa,
esquecida no silêncio

stumm Übersprungne. Vielleicht sind
deine Fransen glücklich für dich –,
oder über den jungen
prallen Brüsten die grüne metallene Seide
fühlt sich unendlich verwöhnt und entbehrt nichts.
Du,
immerfort anders auf alle des Gleichgewichts schwankende Waagen
hingelegte Marktfrucht des Gleichmuts,
öffentlich unter den Schultern.

Wo, o *wo* ist der Ort – ich trag ihn im Herzen –,
wo sie noch lange nicht *konnten*, noch voneinander
abfieln, wie sich bespringende, nicht recht
paarige Tiere; –
wo die Gewichte noch schwer sind;
wo noch von ihren vergeblich
wirbelnden Stäben die Teller
torkeln...

Und plötzlich in diesem mühsamen Nirgends, plötzlich
die unsägliche Stelle, wo sich das reine Zuwenig
unbegreiflich verwandelt –, umspringt
in jenes leere Zuviel.
Wo die vielstellige Rechnung
zahlenlos aufgeht.

Plätze, o Platz in Paris, unendlicher Schauplatz,

das alegrias vivas e apressadas. Talvez
sejam felizes por ti as franjas dos teus cabelos,
ou quem sabe, sobre teus seios jovens e túmidos,
a seda verde-metal sinta-se mimada e nada lhe falte.
Tu,
colocada sempre de um modo novo
sobre os carros oscilantes do equilíbrio,
fruto de feira da indiferença,
exibida ao público, entre os ombros.

Onde, onde é o espaço – levo-o no coração –,
onde, não *podendo* ainda, eles caiam
um do outro como animais que saltassem
para acasalar-se;
onde os lastros ainda têm peso,
onde os arcos ainda bamboleiam
fugindo às varas
que giram inutilmente...

E de repente, neste árduo Nada,
o ponto inexprimível onde a insuficiência pura
incompreensivelmente se transforma – e salta
àquela vazia plenitude
onde o cálculo de muitos algarismos
se resolve sem números.

Praças, ó praças em Paris, feira infinita,

wo die Modistin, *Madame Lamort*,
die ruhlosen Wege der Erde, endlose Bänder,
schlingt und windet und neue aus ihnen
Schleifen erfindet, Rüschen, Blumen, Kokarden, künstliche
[Früchte –, alle
unwahr gefärbt, — für die billigen
Winterhüte des Schicksals.
. . . .

Engel!: Es wäre ein Platz, den wir nicht wissen, und dorten,
auf unsäglichem Teppich, zeigten die Liebenden, die's hier
bis zum Können nie bringen, ihre kühnen
hohen Figuren des Herzschwungs,
ihre Türme aus Lust, ihre
längst, wo Boden nie war, nur aneinander
lehnenden Leitern, bebend, – und *könntens*,
vor den Zuschauern rings, unzähligen lautlosen Toten:
Würfen die dann ihre letzten, immer ersparten,
immer verborgenen, die wir nicht kennen, ewig
gültigen Münzen des Glücks vor das endlich
wahrhaft lächelnde Paar auf gestilltem
Teppich?

onde a modista Madame Lamort
tece e retorce os caminhos inquietos do mundo –
numerosas fitas – em laços imprevistos, folhos, flores,
laçarotes, frutos artificiais, tudo falsamente colorido
para os módicos chapéus de inverno
do Destino.
. . . .

Anjo: talvez haja uma praça que desconhecemos, onde,
sobre um tapete indizível, os amantes, incapazes aqui,
pudessem mostrar suas ousadas, altivas figuras
do ímpeto amoroso, suas torres de alegria, suas trêmulas
escadas que há muito se tocam onde nunca houve apoio:
e *poderiam* diante dos espectadores em círculo,
incontáveis mortos silenciosos. E estes arrojariam
suas últimas, sempre poupadas,
sempre ocultas, desconhecidas moedas de felicidade
para sempre válidas, diante do par
verdadeiramente sorridente, sobre o tapete
apaziguado.

DIE SECHSTE ELEGIE

FEIGENBAUM, SEIT WIE LANGE schon ists mir bedeutend,
wie du die Blüte beinah ganz überschlägst
und hinein in die zeitig entschlossene Frucht,
ungerühmt, drängst dein reines Geheimnis.
Wie der Fontäne Rohr treibt dein gebognes Gezweig
abwärts den Saft und hinan: und er springt aus dem Schlaf,
fast nicht erwachend, ins Glück seiner süßesten Leistung.
Sieh: wie der Gott in den Schwan.
… Wir aber verweilen,
ach, uns rühmt es zu blühn, und ins verspätete Innre
unserer endlichen Frucht gehn wir verraten hinein.
Wenigen steigt so stark der Andrang des Handelns,
daß sie schon anstehn und glühn in der Fülle des Herzens,
wenn die Verführung zum Blühn wie gelinderte Nachtluft

SEXTA ELEGIA

FIGUEIRA, HÁ MUITO que te vejo esquecer
quase inteiramente a floração, precipitando
no fruto prematuro, incompreendido, teu
puro segredo. Como o canal de uma fonte
teus ramos sinuosos impelem para a luz
a seiva adormecida, abandonando-a,
ainda sonolenta ao seu doce destino:
como o deus em cisne transformado.
                              ... Nós porém que nos detemos,
gloriosos de florir, somos traídos antes de entrar
nas profundezas do tardo fruto derradeiro.
Poucos são impelidos pelo atuar com tal fervor,
até arder na plenitude do próprio coração,
quando o fascínio de florescer – suave brisa noturna –

ihnen die Jugend des Munds, ihnen die Lider berührt:
Helden vielleicht und den frühe Hinüberbestimmten,
denen der gärtnernde Tod anders die Adern verbiegt.
Diese stürzen dahin: dem eigenen Lächeln
sind sie voran, wie das Rossegespann in den milden
muldigen Bildern von Karnak dem siegenden König.

Wunderlich nah ist der Held doch den jugendlich Toten. Dauern
ficht ihn nicht an. Sein Aufgang ist Dasein; beständig
nimmt er sich fort und tritt ins veränderte Sternbild
seiner steten Gefahr. Dort fänden ihn wenige. Aber,
das uns finster verschweigt, das plötzlich begeisterte Schicksal
singt ihn hinein in den Sturm seiner aufrauschenden Welt.
Hör ich doch keinen wie *ihn*. Auf einmal durchgeht mich
mit der strömenden Luft sein verdunkelter Ton.

Dann, wie verbärg ich mich gern vor der Sehnsucht: O wär ich,
wär ich ein Knabe und dürft es noch werden und säße
in die künftigen Arme gestützt und läse von Simson,
wie seine Mutter erst nichts und dann alles gebar.

War er nicht Held schon in dir, o Mutter, begann nicht
dort schon, in dir, seine herrische Auswahl?
Tausende brauten im Schooß und wollten *er* sein,
aber sieh: er ergriff und ließ aus –, wählte und konnte.
Und wenn er Säulen zerstieß, so wars, da er ausbrach
aus der Welt deines Leibs in die engere Welt, wo er weiter
wählte und konnte. O Mütter der Helden, o Ursprung

roça-lhes a juventude da boca ou toca-lhes as pálpebras.Aos
heróis, talvez, e aos que morreram jovens,
a morte jardineira torceu estranhamente as veias:
eles se precipitam e o próprio sorriso antecipam
como os corcéis atrelados, nas doces imagens
côncavas de Karnak, precedendo o rei vencedor.

Misterioso irmão dos mortos jovens é o herói.
Que lhe importa durar? Sua existência é ascensão:
eleva-se, incansável, e penetra nas constelações
mutáveis do perigo à espreita. Poucos o seguem. Mas
o Destino, para nós mudo e obscuro, subitamente
para ele se transforma e como um canto o arrebata,
na tormenta de um mundo murmurante. Atravessa-me
com o ar torrencial, seu rumor cheio de trevas.

Ah! como fugir então à nostalgia de ser criança,
novamente criança, e estar sentado, sobre futuros
braços apoiados, lendo a história de Sansão e de sua mãe,
que, estéril a princípio, concebeu tudo depois.

Já não era ele herói dentro de ti, ó mãe,
iniciando em ti a escolha imperiosa?
Milhares de seres agitavam-se em teu seio e queriam
ser *ele*. Mas vê: ele tomou, elegeu, apartou e foi.
E quando partiu colunas, foi para irromper
do mundo de teu corpo e em mundo mais restrito e novo
prosseguir sua escolha poderosa. Ó mães dos heróis,

reißender Ströme! Ihr Schluchten, in die sich
hoch von dem Herzrand, klagend,
schon die Mädchen gestürzt, künftig die Opfer dem Sohn.

Denn hinstürmte der Held durch Aufenthalte der Liebe,
jeder hob ihn hinaus, jeder ihn meinende Herzschlag,
abgewendet schon, stand er am Ende der Lächeln, – anders.

nascentes dos rios vertiginosos! Vós, abismos profundos,
onde, das altas orlas do coração, já se precipitam
futuras dádivas ao filho, jovens lamentosas!

Pois o herói percorre as estações do amor, e cada pulsar
de um coração ardente o impele às alturas com mais força.
Alheado, porém, ele é outro, ao termo dos sorrisos.

Die siebente Elegie

Werbung nicht mehr, nicht Werbung, entwachsene Stimme,
sei deines Schreies Natur; zwar schrieest du rein wie der Vogel,
wenn ihn die Jahreszeit aufhebt, die steigende, beinah vergessend,
daß er ein kümmerndes Tier und nicht nur ein einzelnes Herz sei,
das sie ins Heitere wirft, in die innigen Himmel. Wie er, so
würbest du wohl, nicht minder –, daß, noch unsichtbar,
dich die Freundin erführ, die stille, in der eine Antwort
langsam erwacht und über dem Hören sich anwärmt, –
deinem erkühnten Gefühl die erglühte Gefühlin.
O und der Frühling begriffe –, da ist keine Stelle,
die nicht trüge den Ton der Verkündigung. Erst jenen kleinen
fragenden Auflaut, den, mit steigernder Stille,
weithin umschweigt ein reiner bejahender Tag.
Dann die Stufen hinan, Ruf-Stufen hinan, zum geträumten
Tempel der Zukunft –; dann den Triller, Fontäne,

Sétima elegia

Não, não mais buscar: que seja esta, voz da madurez,
a essência do teu grito. Gritaste, em verdade,
com a pureza do pássaro, quando erguido pela estação
que ascende, quase esquece que é um ser desamparado,
coração solitário lançado às alturas, na intimidade
do céu. Como ele, buscavas a amiga invisível
que te pressentisse, a silenciosa em que uma resposta
desperta, lenta, e se aquece ao ser ouvida – a companheira
ardente do teu sentimento exasperado. Oh, e a primavera
compreenderia – não há lugar ali sem ecos
da Anunciação. Primeiro, esse leve despertar
do som que interroga e que de longe envolve
num silêncio exaltador, a pura afirmação de um dia.
Depois, os degraus do vôo, os degraus-apelo,
até o templo sonhado do futuro – e então os murmúrios,

die zu dem drängenden Strahl schon das Fallen zuvornimmt
im versprechlichen Spiel... Und vor sich, den Sommer.
Nicht nur die Morgen alle des Sommers –, nicht nur
wie sie sich wandeln in Tag und strahlen vor Anfang.
Nicht nur die Tage, die zart sind um Blumen, und oben,
um die gestalteten Bäume, stark und gewaltig.
Nicht nur die Andacht dieser entfalteten Kräfte,
nicht nur die Wege, nicht nur die Wiesen im Abend,
nicht nur, nach spätem Gewitter, das atmende Klarsein,
nicht nur der nahende Schlaf und ein Ahnen, abends...
sondern die Nächte! Sondern die hohen, des Sommers,
Nächte, sondern die Sterne, die Sterne der Erde.
O einst tot sein und sie wissen unendlich,
alle die Sterne: denn wie, wie, wie sie vergessen!

Siehe, da rief ich die Liebende. Aber nicht *sie* nur
käme... Es kämen aus schwächlichen Gräbern
Mädchen und ständen... Denn, wie beschränk ich,
wie, den gerufenen Ruf? Die Versunkenen suchen
immer noch Erde. – Ihr Kinder, ein hiesig
einmal ergriffenes Ding gälte für viele.
Glaubt nicht, Schicksal sei mehr, als das Dichte der Kindheit;
wie überholtet ihr oft den Geliebten, atmend,
atmend nach seligem Lauf, auf nichts zu, ins Freie.
Hiersein ist herrlich. Ihr wußtet es, Mädchen, *ihr* auch,
die ihr scheinbar entbehrtet, versankt –, ihr, in den ärgsten
Gassen der Städte, Schwärende, oder dem Abfall
Offene. Denn eine Stunde war jeder, vielleicht nicht

as fontes que em seu jato impetuoso antecipam a queda,
num jogo promissor... E diante de si, o verão!
Não somente as manhãs de estio, não só a sua
metamorfose em dias e o seu fulgor em auroras,
não só os dias que se fazem ternos junto às flores
e no alto, junto às árvores, fortes, poderosos.
Não só o ardor das forças desencadeadas,
não só os caminhos, não só os campos nas tardes,
não só a luz que respira após as tormentas tardias.
Não só a proximidade do sono e um pressentimento
ao crepúsculo... mas as noites! As grandes noites
de verão, e as estrelas, as estrelas da terra!
Oh, estar morto um dia e conhecer infinitamente
todas as estrelas! Pois como esquecê-las, como?

E então eu chamaria a amada. Mas ela não viria
só. Dos frágeis túmulos erguer-se-iam jovens
pressurosas... Pois como limitar o poder
de um apelo? Os desaparecidos buscam sempre
a terra. – Vós, adolescentes, ouvi:
uma simples coisa aqui percebida, valerá
o infinito. Não, não acrediteis que o Destino
seja mais do que a infância e do que ela contém;
quantas vezes o amado ultrapassastes, ofegando,
ofegando após a corrida venturosa, sem outro fim
que o livre espaço. Estar-aqui é esplendor. E vós
sabíeis, ó jovens, e também vós, decaídas,
de aparência indigente, vós, ulceradas em ruas miseráveis,

ganz eine Stunde, ein mit den Maßen der Zeit kaum
Meßliches zwischen zwei Weilen –, da sie ein Dasein
hatte. Alles. Die Adern voll Dasein.
Nur, wir vergessen so leicht, was der lachende Nachbar
uns nicht bestätigt oder beneidet. Sichtbar
wollen wirs heben, wo doch das sichtbarste Glück uns
erst zu erkennen sich giebt, wenn wir es innen verwandeln.

Nirgends, Geliebte, wird Welt sein, als innen. Unser
Leben geht hin mit Verwandlung. Und immer geringer
schwindet das Außen. Wo einmal ein dauerndes Haus war,
schlägt sich erdachtes Gebild vor, quer, zu Erdenklichem
völlig gehörig, als ständ es noch ganz im Gehirne.
Weite Speicher der Kraft schafft sich der Zeitgeist, gestaltlos
wie der spannende Drang, den er aus allem gewinnt.
Tempel kennt er nicht mehr. Diese, des Herzens,
[Verschwendung
sparen wir heimlicher ein. Ja, wo noch eins übersteht,
ein einst gebetetes Ding, ein gedientes, geknietes –,
hält es sich, so wie es ist, schon ins Unsichtbare hin.
Viele gewahrens nicht mehr, doch ohne den Vorteil,
daß sie's nun *innerlich* baun, mit Pfeilern und Statuen,
[größer!

Jede dumpfe Umkehr der Welt hat solche Enterbte,
denen das Frühere nicht und noch nicht das Nächste gehört.
Denn auch das Nächste ist weit für die Menschen. *Uns* soll
dies nicht verwirren; es stärke in uns die Bewahrung

abertas ao abandono. Pois cada uma
de vós conheceu uma hora, talvez menos de uma hora
inteira – duração esquiva às medidas do tempo, entre dois
instantes – em que realmente *existiu*, com plenitude. As veias
túmidas de ser. Porém, tão depressa esquecemos o que o
[vizinho
sorridente não confirma nem inveja... Queremos tornar visível
a alegria que sentimos apenas quando em nós transformada.

Em parte alguma, bem-amada, o mundo existirá, senão
interiormente. Nossa vida transcorre na metamorfose:
sempre decrescendo, o exterior desaparece. Onde havia
outrora uma casa estável, ergue-se uma estrutura
imaginária, atravessada, como que erigida em nosso cérebro.
O espírito do tempo cria depósitos imensos de
poder, ele que é informe, como o tenso impulso
que rouba às coisas, logo abandonadas. E esquece
os templos. Mas a prodigalidade de nosso coração
é o mais secreto poupar. Sim, lá onde se ergue
ainda uma coisa outrora invocada, adorada de joelhos – olhai,
como já se interna no invisível. Muitos já não a podem ver,
[incapazes
de reconstruí-la *interiormente*, imensa, com estátuas e colunas!

Cada volta surda do mundo tem tais deserdados,
aos quais já nada mais pertence, nem o que virá...
Pois até o mais próximo, para o homem, é longínquo.
Que isto não perturbe, mas fortaleça em nós,

der noch erkannten Gestalt. – Dies *stand* einmal unter Menschen,
mitten im Schicksal stands, im vernichtenden, mitten
im Nichtwissen-Wohin stand es, wie seiend, und bog
Sterne zu sich aus gesicherten Himmeln. Engel,
dir noch zeig ich es, *da!* in deinem Anschaun
steh es gerettet zuletzt, nun endlich aufrecht.
Säulen, Pylone, der Sphinx, das strebende Stemmen,
grau aus vergehender Stadt oder aus fremder, des Doms.

War es nicht Wunder? O staune, Engel, denn *wir* sinds,
wir, o du Großer, erzähls, daß wir solches vermochten, mein Atem
reicht für die Rühmung nicht aus. So haben wir dennoch
nicht die Räume versäumt, diese gewährenden, diese
unseren Räume. (Was müssen sie fürchterlich groß sein,
da sie Jahrtausende nicht unseres Fühlns überfülln.)
Aber ein Turm war groß, nicht wahr? O Engel, er war es, –
groß, auch noch neben dir? Chartres war groß –, und Musik
reichte noch weiter hinan und überstieg uns. Doch selbst nur
eine Liebende –, oh, allein am nächtlichen Fenster…
reichte sie dir nicht ans Knie –?

Glaub *nicht*, daß ich werbe.
Engel, und würb ich dich auch! Du kommst nicht. Denn mein
Anruf ist immer voll Hinweg; wider so starke
Strömung kannst du nicht schreiten. Wie ein gestreckter
Arm ist mein Rufen. Und seine zum Greifen
oben offene Hand bleibt vor dir
offen, wie Abwehr und Warnung,
Unfaßlicher, weitauf.

as formas ainda reconhecíveis. Isto se *erguia* outrora
entre os homens, em meio do destino destruidor, de rumo
incerto; isto se *erguia* como que pleno de ser, atraindo
para si as estrelas, deslocando-as da fixidez dos céus.

Anjo, posso mostrar-te ainda, *lá*! Que em teu poderoso olhar
levante-se enfim, numa estranha redenção.
Colunas, pilares, a Esfinge, a ascensão firme
da catedral cinzenta, emergindo da cidade agonizante
e alheia. Não era milagre? Ó Anjo, assombra-te
com o *nosso*, tais coisas pudemos! Tu, poderoso,
exalta-o! Meu alento é débil demais para celebrá-lo.
Assim, pois, não malogramos os pródigos espaços, os
espaços que são *nossos*! (Que imensos devem ser, pois
séculos do nosso sentimento não o esgotam!) Mas uma torre
era alta. Ó Anjo, não o era até mesmo ao teu lado?
Chartres era grande e a música erguia-se ainda mais alto
e nos ultrapassava. E até mesmo uma jovem amorosa
absorta na janela noturna...
não alcançava teus joelhos?
Não creias que te alicie.
Anjo, mesmo que te aliciasse não virias, pois meu
apelo é sempre denso de repulsa; que podes tu
contra a caudal do meu horror? Um braço estendido
é meu chamado. E a mão que ávida se espalma
para o alto fica diante de ti, ó Inapreensível,
como defesa e advertência,
amplamente aberta!

Die achte Elegie

Rudolf Kassner zugeeignet

Mit allen Augen sieht die Kreatur
das Offene. Nur unsre Augen sind
wie umgekehrt und ganz um sie gestellt
als Fallen, rings um ihren freien Ausgang.
Was draußen *ist,* wir wissens aus des Tiers
Antlitz allein; denn schon das frühe Kind
wenden wir um und zwingens, daß es rückwärts
Gestaltung sehe, nicht das Offne, das
im Tiergesicht so tief ist. Frei von Tod.
Ihn sehen wir allein; das freie Tier
hat seinen Untergang stets hinter sich
und vor sich Gott, und wenn es geht, so gehts
in Ewigkeit, so wie die Brunnen gehen.
Wir haben nie, nicht einen einzigen Tag,
den reinen Raum vor uns, in den die Blumen
unendlich aufgehn. Immer ist es Welt

Oitava elegia

dedicada a Rudolf Kassner

Com todos os seus olhos, a criatura vê o Aberto.
Nosso olhar, porém, foi revertido e como armadilha
se oculta em torno do livre caminho.
O que está além, pressentimos apenas
na expressão do animal; pois desde a infância
desviamos o olhar para trás e o espaço livre perdemos,
ah, esse espaço profundo que há na face do animal.
Isento de morte. Nós só vemos
morte. O animal espontâneo ultrapassou seu fim;
diante de si tem apenas Deus e quando se move
é para a eternidade, como correm as fontes.
Ignoramos o que é contemplar um dia, somente
um dia o espaço puro, onde, sem cessar,
as flores desabrocham. Sempre o mundo,

und niemals Nirgends ohne Nicht: das Reine,
Unüberwachte, das man atmet und
unendlich *weiß* und nicht begehrt. Als Kind
verliert sich eins im Stilln an dies und wird
gerüttelt. Oder jener stirbt und *ists*.
Denn nah am Tod sieht man den Tod nicht mehr
und starrt *hinaus*, vielleicht mit großem Tierblick.
Liebende, wäre nicht der andre, der
die Sicht verstellt, sind nah daran und staunen...
Wie aus Versehn ist ihnen aufgetan
hinter dem andern... Aber über ihn
kommt keiner fort, und wieder wird ihm Welt.
Der Schöpfung immer zugewendet, sehn
wir nur auf ihr die Spiegelung des Frein,
von uns verdunkelt. Oder daß ein Tier,
ein stummes, aufschaut, ruhig durch uns durch.
Dieses heißt Schicksal: gegenüber sein
und nichts als das und immer gegenüber.

Wäre Bewußtheit unsrer Art in dem
sicheren Tier, das uns entgegenzieht
in anderer Richtung –, riß es uns herum
mit seinem Wandel. Doch sein Sein ist ihm
unendlich, ungefaßt und ohne Blick
auf seinen Zustand, rein, so wie sein Ausblick.
Und wo wir Zukunft sehn, dort sieht es Alles
und sich in Allem und geheilt für immer.

jamais o em-parte-alguma, sem nada: o puro,
o inesperado que se respira, que se *sabe*
infinito, sem a avidez do desejo.
Uma criança aí se perde, às vezes,
em silêncio, mas é despertada. Ou alguém
que morre, nisso se transforma. Pois os
que da morte se aproximam não mais a podem ver,
fixando o infinito com o grande olhar do animal.
Os amantes – não estivesse o outro a ofuscar-lhe
a visão – sentem a obscura presença e se espantam...
Às vezes há um descerrar-se atrás do outro... Mas
o outro, como superá-lo? E o mundo já retorna.
Para a criação sempre voltados, nela
vemos apenas o reflexo da liberdade
que obscurecemos. Há no entanto
esses olhos calmos que o animal levanta,
atravessando-nos com seu mudo olhar.
A isto se chama destino: estar em face
do mundo, eternamente em face.

Tivesse, como nós, consciência o animal
tranqüilo – em outro sentido nos arrastaria;
seu ritmo seria o nosso. Seu ser, porém,
é infinito, inapreensível e sem olhar.
E ele tudo vê, puro e inconsciente de si, onde
nós vemos futuro, em tudo se vê
e salvo para sempre.

Und doch ist in dem wachsam warmen Tier
Gewicht und Sorge einer großen Schwermut.
Denn ihm auch haftet immer an, was uns
oft überwältigt, – die Erinnerung,
als sei schon einmal das, wonach man drängt,
näher gewesen, treuer und sein Anschluß
unendlich zärtlich.Hier ist alles Abstand,
und dort wars Atem. Nach der ersten Heimat
ist ihm die zweite zwitterig und windig.
O Seligkeit der *kleinen* Kreatur,
die immer *bleibt* im Schooße, der sie austrug;
o Glück der Mücke, die noch *innen* hüpft,
selbst wenn sie Hochzeit hat: denn Schooß ist Alles.
Und sieh die halbe Sicherheit des Vogels,
der beinah beides weiß aus seinem Ursprung,
als wär er eine Seele der Etrusker,
aus einem Toten, den ein Raum empfing,
doch mit der ruhenden Figur als Deckel.
Und wie bestürzt ist eins, das fliegen muß
und stammt aus einem Schooß. Wie vor sich selbst
erschreckt, durchzuckts die Luft, wie wenn ein Sprung
durch eine Tasse geht. So reißt die Spur
der Fledermaus durchs Porzellan des Abends.

Und wir: Zuschauer, immer, überall,
dem allen zugewandt und nie hinaus!

Há, entretanto, no animal quente e vigilante,
a inquietude e a opressão de uma profunda nostalgia.
Ele conhece a angústia que tantas
vezes nos domina – a lembrança,
como se esse para onde tendemos
tivesse sido outrora mais fiel e
de contato mais doce.

Tudo aqui é distância – lá
era alento. Depois da primeira
pátria, como parece a segunda
incerta e sem abrigo! Bem-aventurada
a *pequena* criatura que sempre *permanece*
no seio que a criou; ó tu, mosca feliz,
que saltas interiormente ainda mesmo
nas núpcias: o ventre é tudo.
Olhai a quase-certeza do pássaro, que por sua
origem pertence aos dois domínios, como se
fosse a alma liberta de um etrusco
que o espaço acolheu, mas com a imagem repousando
a recobri-lo. E olhai a indecisão do que deve
voar, expulso do seio. Espantado consigo mesmo
fende o ar, taça partida. Assim risca o morcego,
no seu vôo, a porcelana da tarde.

E nós: espectadores em tudo e sempre,
voltados para tudo, nunca de fora.

Uns überfüllts. Wir ordnens. Es zerfällt.
Wir ordnens wieder und zerfallen selbst.

Wer hat uns also umgedreht, daß wir,
was wir auch tun, in jener Haltung sind
von einem, welcher fortgeht? Wie er auf
dem letzten Hügel, der ihm ganz sein Tal
noch einmal zeigt, sich wendet, anhält, weilt –,
so leben wir und nehmen immer Abschied.

Saciados, ordenamos. Mas tudo se desfaz.
Novamente insistimos e nós mesmos passamos.

Quem nos desviou assim, para que tivéssemos
um ar de despedida em tudo que fazemos? Como aquele
que partindo se detém na última colina para contemplar
o vale na distância – e ainda uma vez se volta,
hesitante, e aguarda – assim vivemos nós,
numa incessante despedida.

Die neunte Elegie

Warum, wenn es angeht, also die Frist des Daseins
hinzubringen, als Lorbeer, ein wenig dunkler als alles
andere Grün, mit kleinen Wellen an jedem
Blattrand (wie eines Windes Lächeln) –: warum dann
Menschliches müssen – und, Schicksal vermeidend,
sich sehnen nach Schicksal?...
                                        Oh, *nicht*, weil Glück *ist*,
dieser voreilige Vorteil eines nahen Verlusts.
Nicht aus Neugier, oder zur Übung des Herzens,
das auch im Lorbeer *wäre*...
Aber weil Hiersein viel ist, und weil uns scheinbar
alles das Hiesige braucht, dieses Schwindende, das
seltsam uns angeht. Uns, die Schwindendsten. *Ein* Mal
jedes, nur *ein* Mal. *Ein* Mal und nicht mehr. Und wir auch
ein Mal. Nie wieder. Aber dieses

Nona elegia

Por que, sendo possível o prazo da existência
levar como o loureiro, de um verde mais sombrio que todos
os outros verdes, com leves ondulações no contorno
das folhas (como um sorriso do vento) – por que
então, escravos do humano, anelar pelo destino
fugindo ao destino?...
                    Oh, não porque a felicidade exista,
essa prematura dádiva de uma perda iminente.
Não por curiosidade ou exercício do coração
que lá poderia estar, no loureiro...
Mas porque estar-aqui é excessivo e todas as coisas
parecem precisar de nós, essas efêmeras que estranhamente
nos solicitam. A nós, os mais efêmeros. *Uma* vez
cada uma, somente *uma* vez. *Uma* vez e nunca mais.
E nós também, *uma* vez, jamais outra. Porém este

ein Mal gewesen zu sein, wenn auch nur *ein* Mal:
irdisch gewesen zu sein, scheint nicht widerrufbar.

Und so drängen wir uns und wollen es leisten,
wollens enthalten in unsern einfachen Händen,
im überfüllteren Blick und im sprachlosen Herzen.
Wollen es werden. – Wem es geben? Am liebsten
alles behalten für immer… Ach, in den andern Bezug,
wehe, was nimmt man hinüber? Nicht das Anschaun, das hier
langsam erlernte, und kein hier Ereignetes. Keins.
Also die Schmerzen. Also vor allem das Schwersein,
also der Liebe lange Erfahrung, – also
lauter Unsägliches. Aber später,
unter den Sternen, was solls: *die* sind *besser* unsäglich.
Bringt doch der Wanderer auch vom Hange des Bergrands
nicht eine Hand voll Erde ins Tal, die Allen unsägliche, sondern
ein erworbenes Wort, reines, den gelben und blaun
Enzian. Sind wir vielleicht *hier*, um zu sagen: Haus,
Brücke, Brunnen, Tor, Krug, Obstbaum, Fenster, –
höchstens: Säule, Turm… aber zu *sagen*, verstehs,
oh zu sagen *so*, wie selber die Dinge niemals
innig meinten zu sein. Ist nicht die heimliche List
dieser verschwiegenen Erde, wenn sie die Liebenden drängt,
daß sich in ihrem Gefühl jedes und jedes entzückt?
Schwelle: was ists für zwei
Liebende, daß sie die eigne ältere Schwelle der Tür
ein wenig verbrauchen, auch sie, nach den vielen vorher
und vor den Künftigen…, leicht.

ter sido *uma* vez, ainda que apenas *uma* vez,
ter sido *terrestre*, não parece revocável.

E assim, urgidos, queremos cumpri-lo,
contê-lo em nossas simples mãos,
no transbordante olhar, no coração emudecido.
Tentamos nele nos transformar. A quem dá-lo?
Melhor tudo guardar para sempre... Na outra relação,
ai de nós, o que poderíamos transpor? Não o contemplar,
aqui vagarosamente apreendido, não o aqui consumado:
mas a angústia e acima de tudo o mais árduo,
a longa experiência do amor – o puro
indizível. Mais tarde, porém, o que dizer
entre as estrelas, tão mais, tão mais indizíveis?
Traga pois o viandante da encosta do monte para o vale,
não apenas um punhado de terra do indizível,
mas a palavra colhida pura, a genciana amarela
e azul. Estamos *aqui* talvez para dizer: casa,
ponte, árvore, porta, cântaro, fonte, janela –
e ainda: coluna, torre... Mas para dizer, compreende,
para dizer as coisas como elas mesmas jamais
pensaram ser intimamente. Não é o mais secreto ardil
da terra silenciosa, ao impelir os amantes, fazer
com que tudo se rejubile no seu sentimento?
Umbral: o que significa para dois amantes
que eles também desgastem o velho umbral
da porta, eles também, depois de tantos outros,
e antes dos que virão ainda... inevitavelmente?

Hier ist des *Säglichen* Zeit, *hier* seine Heimat.
Sprich und bekenn. Mehr als je
fallen die Dinge dahin, die erlebbaren, denn,
was sie verdrängend ersetzt, ist ein Tun ohne Bild.
Tun unter Krusten, die willig zerspringen, sobald
innen das Handeln entwächst und sich anders begrenzt.
Zwischen den Hämmern besteht
unser Herz, wie die Zunge
zwischen den Zähnen, die doch,
dennoch, die preisende bleibt.

Preise dem Engel die Welt, nicht die unsägliche, *ihm*
kannst du nicht großtun mit herrlich Erfühltem; im Weltall,
wo er fühlender fühlt, bist du ein Neuling. Drum zeig
ihm das Einfache, das, von Geschlecht zu Geschlechtern
[gestaltet,
als ein Unsriges lebt, neben der Hand und im Blick.
Sag ihm die Dinge. Er wird staunender stehn; wie du standest
bei dem Seiler in Rom, oder beim Töpfer am Nil.
Zeig ihm, wie glücklich ein Ding sein kann, wie schuldlos und
[unser,
wie selbst das klagende Leid rein zur Gestalt sich entschließt,
dient als ein Ding, oder stirbt in ein Ding –, und jenseits
selig der Geige entgeht. – Und diese, von Hingang
lebenden Dinge verstehn, daß du sie rühmst; vergänglich,
traun sie ein Rettendes uns, den Vergänglichsten, zu.
Wollen, wir sollen sie ganz im unsichtbarn Herzen verwandeln
in – o unendlich – in uns! Wer wir am Ende auch seien.

Eis *aqui* o tempo do *dizível*, eis *aqui* sua pátria.
Fala e proclama. Cada vez mais
dissipam-se as coisas que ao nosso lado viviam
e em seu lugar se instala um Fazer sem Imagem.
Fazer, que tenta destruir a crosta limitante,
quando a ação se desenvolve e toma novos contornos.

Entre malhos subsiste
nosso coração, como a língua
entre os dentes, e que, no entanto,
permanece a exaltadora.

Canta ao Anjo o louvor do mundo, não o indizível; diante
dele não podes vangloriar-te da tua esplêndida intuição;
no universo em que ele, o mais intuitivo, intui, não és mais
do que um noviço. Mostra-lhe o simples, o que através das
gerações configurado vive como o *nosso* no olhar e ao alcance
da mão. Dize-lhe as coisas. Nele acordarás o que em ti despertou
o cordoeiro de Roma e o ceramista do Nilo. Mostra-lhe como [pode
ser feliz uma coisa, inocente e nossa; como até a lamentosa dor
se resolve puramente em forma e serve, humilde
como uma coisa ou morre numa coisa – e como se evade
o violino para a bem-aventurança. E estas coisas
que vivem o fugaz, compreendem que teces o seu louvor;
efêmeras, adivinham salvadores em nós, os mais efêmeros.
Que em nossos corações invisíveis se cumpra a sua
metamorfose – infinitamente –, quem quer que sejamos!

Erde, ist es nicht dies, was du willst: *unsichtbar*
in uns erstehn? – Ist es dein Traum nicht,
einmal unsichtbar zu sein? – Erde! unsichtbar!
Was, wenn Verwandlung nicht, ist dein drängender Auftrag?

Erde, du liebe, ich will. Oh glaub, es bedürfte
nicht deiner Frühlinge mehr, mich dir zu gewinnen –, *einer*,
ach, ein einziger ist schon dem Blute zu viel.
Namenlos bin ich zu dir entschlossen, von weit her.
Immer warst du im Recht, und dein heiliger Einfall
ist der vertrauliche Tod.
Siehe, ich lebe. Woraus? Weder Kindheit noch Zukunft
werden weniger... Überzähliges Dasein
entspringt mir im Herzen.

Terra, não é este o teu desejo: renascer invisível
em nós? – Não é teu sonho tornar-te
invisível algum dia? – Terra! Invisível!
Não é a metamorfose tua desesperada missão?

Terra, ó minha amada, assim o quero! Crê-me,
não preciso mais que as tuas primaveras me atraiam:
uma, ai, uma só já é excessiva para o meu sangue.
De obscuras distâncias consagrei-me todo a ti...
Sempre tiveste razão e a tua inspiração sagrada
é a morte íntima.
Vivo. De quê? Infância ou futuro
não decrescem... Uma caudalosa existência
transborda em meu coração.

Die zehnte Elegie

Dass ich dereinst, an dem Ausgang der grimmigen Einsicht,
Jubel und Ruhm aufsinge zustimmenden Engeln.
Daß von den klar geschlagenen Hämmern des Herzens
keiner versage an weichen, zweifelnden oder
reißenden Saiten. Daß mich mein strömendes Antlitz
glänzender mache; daß das unscheinbare Weinen
blühe. O wie werdet ihr dann, Nächte, mir lieb sein,
gehärmte. Daß ich euch knieender nicht, untröstliche Schwestern,
hinnahm, nicht in euer gelöstes
Haar mich gelöster ergab. Wir, Vergeuder der Schmerzen
Wie wir sie absehn voraus, in die traurige Dauer,
ob sie nicht enden vielleicht. Sie aber sind ja
unser winterwähriges Laub, unser dunkeles Sinngrün,
eine der Zeiten des heimlichen Jahres –, nicht nur
Zeit –, sind Stelle, Siedelung, Lager, Boden, Wohnort.

DÉCIMA ELEGIA

QUE UM DIA, ao emergir da terrível intuição, ascenda
meu canto de júbilo e glória até os Anjos aprovadores!
Que nenhum claro golpe dos malhos do coração
desentoe sobre cordas frouxas, vacilantes ou
desgarradas! Que meu rosto se ilumine sob o pranto!
Que a obscura lágrima floresça! Oh, como então vos amaria,
noites de aflição! Por que não me ajoelhei mais contrito,
inconsoláveis irmãs, para vos acolher,
para me perder em vossos cabelos desfeitos
com mais abandono? Nós, dissipadores da dor.
Como buscamos longe, na triste duração, seu fim
desejado! Ela é, porém, nossa folhagem de inverno,
nossa pervinca sombria, *uma* das estações
do ano secreto – não somente estação, mas
espaço, residência, campo, solo, morada.

Freilich, wehe, wie fremd sind die Gassen der Leid-Stadt,
wo in der falschen, aus Übertönung gemachten
Stille, stark, aus der Gußform des Leeren der Ausguß
prahlt: der vergoldete Lärm, das platzende Denkmal.
O, wie spurlos zerträte ein Engel ihnen den Trostmarkt,
den die Kirche begrenzt, ihre fertig gekaufte:
reinlich und zu und enttäuscht wie ein Postamt am Sonntag.
Draußen aber kräuseln sich immer die Ränder von Jahrmarkt.
Schaukeln der Freiheit! Taucher und Gaukler des Eifers!

Und des behübschten Glücks figürliche Schießstatt,
wo es zappelt von Ziel und sich blechern benimmt,
wenn ein Geschickterer trifft. Von Beifall zu Zufall
taumelt er weiter; denn Buden jeglicher Neugier
werben, trommeln und plärrn. Für Erwachsene aber
ist noch besonders zu sehn, wie das Geld sich vermehrt,
[anatomisch,
nicht zur Belustigung nur: der Geschlechtsteil des Gelds,
alles, das Ganze, der Vorgang –, das unterrichtet und macht
fruchtbar…
...Oh aber gleich darüber hinaus,
hinter der letzten Planke, beklebt mit Plakaten des "Todlos",
jenes bitteren Biers, das den Trinkenden süß scheint,
wenn sie immer dazu frische Zerstreuungen kaun…,
gleich im Rücken der Planke, gleich dahinter, ists *wirklich*.
Kinder spielen, und Liebende halten einander, – abseits,
ernst, im ärmlichen Gras, und Hunde haben Natur.

Estranhas ruas da Cidade-Aflição, onde,
no aparente silêncio feito de estrépito
irrompe violento, gerado no molde do vazio,
o ruído do ouro, o monumento trepidante.
Oh, como, sem deixar vestígios, um Anjo andaria
em seu mercado de consolo que a igreja limita,
a igreja comprada feita: limpa, fechada e tristonha
como o correio aos domingos... Fora, está sempre
a feira de encapelado contorno. Balanças de liberdade!

Mergulhadores e charlatães do zelo! E o simbólico
tiro à felicidade ataviada: os berloques
se agitam e há ruídos de estanho quando um atirador
mais destro alcança a meta. Ao capricho dos acasos
ele prossegue, vacilante, pois há uma tenda apregoando
ruidosa para cada anseio. Especial para adultos: veja-se
como o dinheiro se reproduz, anatomicamente,
não como simples diversão. O órgão genital do dinheiro,
tudo acessível, à vista! É instrutivo e favorece
a procriação...
...Oh, e um pouco além, atrás do último
tabique, ostentando os cartazes dos "Libertos da Morte"
– cerveja amarga que aos bebedores tão doce parece
quando a bebem mastigando frescas distrações... –,
atrás do tabique, logo atrás está o *real*.
As crianças brincam, os amantes se ignoram, graves,
sobre a erva rala, e os cães seguem a natureza.

Weiter noch zieht es den Jüngling; vielleicht, daß er eine junge
Klage liebt … Hinter ihr her kommt er in Wiesen. Sie sagt:
– Weit. Wir wohnen dort draußen…
Wo? Und der Jüngling
folgt. Ihn rührt ihre Haltung. Die Schulter, der Hals –, vielleicht
ist sie von herrlicher Herkunft. Aber er läßt sie, kehrt um,
wendet sich, winkt … Was solls? Sie ist eine Klage.

Nur die jungen Toten, im ersten Zustand
zeitlosen Gleichmuts, dem der Entwöhnung,
folgen ihr liebend. Mädchen
wartet sie ab und befreundet sie. Zeigt ihnen leise,
was sie an sich hat. Perlen des Leids und die feinen
Schleier der Duldung. – Mit Jünglingen geht sie
schweigend.
Aber dort, wo sie wohnen, im Tal, der Älteren eine, der Klagen,
nimmt sich des Jünglinges an, wenn er fragt: – Wir waren,
sagt sie, ein Großes Geschlecht, einmal, wir Klagen. Die Väter
trieben den Bergbau dort in dem großen Gebirg; bei Menschen
findest du manchmal ein Stück geschliffenes Ur-Leid
oder, aus altem Vulkan, schlackig versteinerten Zorn
Ja, das stammte von dort. Einst waren wir reich. –
Und sie leitet ihn leicht durch die weite Landschaft der Klagen,
zeigt ihm die Säulen der Tempel oder die Trümmer
jener Burgen, von wo Klage-Fürsten das Land
einstens weise beherrscht. Zeigt ihm die hohen
Tränenbäume und Felder blühender Wehmut,
(Lebendige kennen sie nur als sanftes Blattwerk);

Para mais longe sente-se o jovem atraído; ama talvez uma jovem
Lamentação... Seguindo-a, caminha através dos campos. Ela diz:
longe, vivemos muito longe...
Onde? E o jovem continua.
Sua atitude o fascina: os ombros, o colo – talvez é ela
de nobre origem. Mas a abandona, se aparta e
de longe acena... Para quê? Ela é uma Lamentação.

Somente os que morreram jovens, os iniciados
na indiferença alheia ao tempo do desacostumar-se,
a seguem por amor. Às jovens ela aguarda
e dá sua amizade. Mostra-lhes com doçura seus
adornos: pérolas de dor e os tênues
véus do assentimento. – Com os jovens,
caminha em silêncio.
Longe, onde vivem, uma velha Lamentação
fala ao jovem curioso: – Nós fomos, diz ela,
uma grande raça, outrora. Nossos pais exploravam
as minas, além, nas grandes montanhas; entre os homens
encontram-se às vezes fragmentos polidos da dor original
ou, expulsas de um velho vulcão, escórias de cólera
petrificada. Sim, isto veio de lá. Outrora fomos ricos.
E ela o conduz através da ampla paisagem das Lamentações,
mostra-lhe as colunas do templo e as ruínas
de antiqüíssimos castelos: lá viviam os sábios príncipes
que dominavam outrora. Mostra-lhe árvores esguias
de lágrimas e campos de nostalgia em flor
(os que vivem não conhecem senão a sua doce folhagem);

zeigt ihm die Tiere der Trauer, weidend, – und manchmal
schreckt ein Vogel und zieht, flach ihnen fliegend durchs
[Aufschaun,
weithin das schriftliche Bild seines vereinsamten Schreis. –
Abends führt sie ihn hin zu den Gräbern der Alten
aus dem Klage-Geschlecht, den Sibyllen und Warn-Herrn.
Naht aber Nacht, so wandeln sie leiser, und bald
mondets empor, das über Alles
wachende Grab-Mal. Brüderlich jenem am Nil,
der erhabene Sphinx –: der verschwiegenen Kammer
Antlitz.
Und sie staunen dem krönlichen Haupt, das für immer,
schweigend, der Menschen Gesicht
auf die Waage der Sterne gelegt.

Nicht erfaßt es sein Blick, im Frühtod
schwindelnd. Aber ihr Schaun,
hinter dem Pschent-Rand hervor, scheucht es die Eule. Und sie,
streifend im langsamen Abstrich die Wange entlang,
jene der reifesten Rundung,
zeichnet weich in das neue
Totengehör, über ein doppelt
aufgeschlagenes Blatt, den unbeschreiblichen Umriß.

Und höher, die Sterne. Neue. Die Sterne des Leidlands.
Langsam nennt sie die Klage: – Hier,
siehe: den *Reiter*, den *Stab*, und das vollere Sternbild
nennen sie: *Fruchtkranz*. Dann, weiter, dem Pol zu:

mostra-lhe, pascendo, o rebanho da tristeza – às vezes
um pássaro assustado, cruzando o espaço, desenha
a imagem de seu grito solitário. –
Ao crepúsculo ela o conduz ao sepulcro dos antepassados
das Lamentações: as Sibilas e os Profetas.

A noite se aproxima e então caminham mais tranqüilos;
já se levanta, banhada pela lua, a pedra funerária
que vela sobre o mundo, irmã da sublime Esfinge
do Nilo: face
da câmara secreta.
E eles contemplam, atônitos, a cabeça real
que, para sempre calada, pôs a face dos homens
na balança das estrelas.

O olhar do jovem, que a morte recente
enche de vertigem, não a pode conter. Mas
ela, que espreita, afugenta o mocho
de trás do pschent. E aquele,
roçando num leve contato
a curva madura da Face, desenha
de leve no ouvido do morto, sobre uma dupla
folha aberta, o contorno inefável.

E mais alto, as estrelas. Recém-nascidas. Estrelas
do país da Dor. A Lamentação revela seus nomes:
"Aqui, veja: o *Cavaleiro*, o *Bordão*, e a esse denso grupo
de estrelas chamamos *Coroa de Frutos*. Além,

Wiege; Weg; Des Brennende Buch; Puppe; Fenster.
Aber im südlichen Himmel, rein wie im Innern
einer gesegneten Hand, das klar erglänzende *M*,
das die Mütter bedeutet... –

Doch der Tote muß fort, und schweigend bringt ihn die ältere
Klage bis an die Talschlucht,
wo es schimmert im Mondschein:
die Quelle der Freude. In Ehrfurcht
nennt sie sie, sagt: – Bei den Menschen
ist sie ein tragender Strom. –

Stehn am Fuß des Gebirgs.
Und da umarmt sie ihn, weinend.

Einsam steigt er dahin, in die Berge des Ur-Leids.
Und nicht einmal sein Schritt klingt aus dem tonlosen Los.

Aber erweckten sie uns, die unendlich Toten, ein Gleichnis,
siehe, sie zeigten vielleicht auf die Kätzchen der leeren
Hasel, die hängenden, oder
meinten den Regen, der fällt auf dunkles Erdreich im Frühjahr.

Und wir, die an *steigendes* Glück
denken, empfänden die Rührung,
die uns beinah bestürzt,
wenn ein Glückliches *fällt*.

perto do pólo: *Berço, Caminho, O Livro Ardente, Boneca,*
Janela.
E no céu do sul, puro como a palma de uma sagrada
mão, o fulgor límpido das Madres..."

Mas o morto deve prosseguir e, em silêncio, a Lamentação
mais velha o conduz à garganta do vale
onde, ao luar, cintila
a fonte da alegria. Com veneração
ela a indica: "Entre os homens,
eis a torrente portadora".

Ao pé da montanha eles se detêm.
E ela o abraça, chorando.

Solitário, ele ascende à montanha da dor original.
E nem uma só vez seu passo ressoa no destino insonoro.

Mas se os infinitamente mortos despertassem um símbolo,
em nós, olhai, mostrariam talvez os engastes pendentes
das aveleiras vazias, ou a chuva que cai
sobre o reino obscuro da terra em primavera.

E nós que imaginamos a ventura em *ascensão*,
sentiríamos uma ternura imensa,
quase perturbadora,
quando uma coisa feliz *cai*...

COMENTÁRIOS

PRIMEIRA ELEGIA

NO *LIVRO DE HORAS*, Deus era vivido como um ser próximo, acessível, separado do homem apenas por uma tênue parede de idéias e de imagens. "Tu, Deus vizinho... Entre nós há apenas uma delgada parede." No entanto, nos anos transcorridos entre a publicação do *Livro de Horas* e o período da elaboração final das Elegias, processa-se uma profunda transformação espiritual no poeta, alterando-se radicalmente sua relação com a divindade: é como se a tênue parede se adensasse cada vez mais, impossibilitando qualquer contato ou comunhão entre Deus e o poeta, relegando-o a um desesperado insulamento. Rompe-se o sentimento confiante que aproximava a criatura do Criador, aquele contato caloroso com as raízes do Deus obscuro e, no entanto, presente. O espaço se dilata, se esvazia e nele se perde, sem resposta, o apelo humano. "Quem, se eu gritasse, entre as legiões dos Anjos me ouviria?" É nesse espaço carente, de ausência e solidão, que se desenrola o lamento das Elegias. Entretanto, o sexto, sétimo, nono e décimo poemas do ciclo opõem vigorosamente, ao tom menor dos demais, acentos de exaltação e louvor, afirmando a consciência terrestre do homem e sua capacidade de superar a angústia e o desalento inerentes à condição humana.

Na primeira elegia, como observa Angelloz, há uma prefiguração dos temas que integram as demais partes do ciclo, à maneira de uma peça musical cuja primeira frase anunciasse as variações subseqüentes: os temas da missão poética, do herói, das grandes amorosas e dos mortos precoces comparecem numa seqüência admirável de momentos poéticos, ao lado da concepção rilkeana do duplo domínio (*Doppelbereich*) da vida e da morte.

Encontramos o motivo polarizador da primeira elegia naquele verso inquietante: "Todo Anjo é terrível", onde se manifesta a tensão ameaçadora que marca a relação entre o homem e o Anjo, símbolo do que ultrapassa e transcende a esfera do visível. Não há, porém, repouso possível para o homem, ser fronteiriço que as formas terrestres não saciam e que, por outro lado, o amplexo do Anjo ameaça destruir em "sua existência demasiado forte". Nenhum abrigo lhe proporciona, entretanto, o horizonte racionalmente conhecido: "o intuitivo animal logo adverte que para nós não há amparo neste mundo definido". Nesta idéia do homem como ser ameaçado, desligado e estranho reside a afinidade profunda, apontada por Heidegger, da posição rilkeana com sua filosofia.

E Rilke passa a evocar tudo quanto exaspera o sentimento da solidão: o vento portador dos espaços cósmicos, a noite "ternamente enganosa" que vem ampliar a nossa acuidade íntima, tornando ainda maior o nosso desamparo. E nem mesmo o amor liberta o homem desse confinamento essencial, pois os amantes apenas ocultam "um ao outro seu destino". Somente as grandes amorosas, essa plêiade de mulheres ardentes celebradas anteriormente nos "Cadernos de Malte Laurids Brigge", despojando o amor de todo caráter transitivo e dual, convertendo-o em anseio infinito, num lamento por um ser eterno, chegam, através da doação plena de si mesmas, à transcendência anelada, como a flecha que ultrapassa "a corda, para ser no vôo *mais* do que ela mesma". Mas há outros caminhos e a tarefa poética é logo apontada em seu caráter de redimir as coisas efêmeras: "Sim, as primaveras precisavam de ti. Muitas estrelas queriam ser percebidas... Tudo isto era missão". E assim como os santos ouviam outrora o chamado de Deus, o poeta deve ouvir o apelo das coisas transitórias, essa música imperceptível gerada pelo silêncio. Tudo acena para o poeta, tudo é símbolo. Nas igrejas de Roma, diante de uma estela funerária, ele *ouve* o apelo dos jovens mortos que aspiram se libertar da "aparência de injustiça que às vezes perturba a agilidade pura de suas almas". A morte precoce já é o cumprimento de um destino privilegiado, e cabe ao poeta destruir a idéia de que a morte prematura é vida frustrada. Surge nessa instância do poema a importante intuição da grande unidade da vida e da morte, pois, para Rilke, os mortos não se ausentam da realidade. "Os vivos cometem o grande erro de distinguir demasiadamente bem.

Os Anjos (dizem) muitas vezes não sabem se caminham entre vivos ou mortos." Mediadores entre o homem e o mistério, os mortos ampliam o nosso sentimento do mundo e das coisas, tema que já dera sua mais bela floração em um dos "Novos Poemas": A morte da bem-amada.

A primeira elegia termina evocando as lamentações pela morte de Linos, deus adolescente do antigo culto grego da natureza: do luto e do desespero humano diante da morte teria brotado o milagre da música, fonte inesgotável de "êxtase, consolo e amparo".

Segunda elegia

Na segunda elegia Rilke define a situação existencial do homem, esse dissipador do próprio ser, em face do Anjo, cuja existência cerrada sobre si mesma é um símbolo de eternidade. Abre o poema a mesma afirmação da primeira elegia: "Todo Anjo é terrível", cujo eco se prolonga como certos motivos musicais de Beethoven que reaparecem, numa insistência singular, em obras diferentes. Destruiu-se a cálida circulação entre o humano e o divino, essa cotidianidade do milagre que nos "tempos remotos de Tobias" aproximava o homem do mistério. Dilatou-se o hiato que nos separa das forças sobrenaturais, e no torpor e esquecimento de nossa existência, não suportamos mais sem sucumbir à irrupção do divino. Como diz Angelloz, Rilke mostra-se nostálgico dos velhos tempos bíblicos, em que o Anjo era *un compagnon de route et un guide*. Em seguida, Rilke opõe o ser unitário do Anjo, espelho "cuja beleza reflui restituída à face que se contempla", à realidade desfalecente do homem, cuja vida é uma perda incessante, uma exaustão de ser. O poeta denuncia a temporalidade que corrói todos os esforços humanos de realização e plenitude ontológicas: a beleza, os gestos de fervor, os impulsos do coração, os momentos de êxtase e comunhão, tudo isto que é *nosso*, "flutua e desaparece". O próprio esforço de pensar e compreender não basta para nos subtrair a essa inquietante fluidez, isto é, não há salvação possível pelo conhecimento. "Às vezes minhas mãos se reconhecem ou meu rosto gasto nelas tenta se abrigar. Isto me dá uma certa consciência de mim mesmo. Quem, no entanto, por tão pouco ousaria *ser*?"

E o poema prossegue: "Estará o mundo impregnado de nós, pois que nele nos perdemos?". O homem, e particularmente o homem criador, enriquece o mundo às suas expensas, como já afirmara Rilke num dos "Novos Poemas": "Todas as coisas às quais me dou, tornam-se ricas e me consomem". Num plano mais geral, podemos interpretar esses versos como caracterizando a condição do homem, cuja vida é expressão, um fazer fora de si mesmo, um doar-se às coisas circundantes, sem recuperação possível. Daí a obsessão de Rilke pela imagem do círculo que se cerra sobre si mesmo e pelas fontes que ascendem para de novo cair e novamente ascender, íntegras, centradas em si mesmas. No entanto, às vezes, algo feito pelo homem foge à sua órbita precária, para habitar a pátria do Anjo que lhe outorga uma garantia mais alta de existência: é o caso não só das grandes criações artísticas que, arruinadas no plano do visível, se reconstituem, salvas enfim na retina preservadora do Anjo, mas também do amor dadivoso, sem liames no finito, cuja expressão máxima encontramos na figura das grandes amorosas. Entretanto, nas formas comuns do sentimento amoroso, nenhum intercâmbio se estabelece entre o finito e o infinito, "e tudo conspira para que silenciemos", vencidos pela distância e pela opacidade que nos separam desse espaço indizível, evocado nos versos finais da quinta elegia, onde os amantes ergueriam por fim suas "torres de alegria, suas trêmulas escadas que há muito se tocam onde nunca houve apoio". O contato físico, a sensualidade das mãos "que descobrem a riqueza dos anos de vinho", o amplexo e sua promessa de eternidade, são "provas" insuficientes de uma verdadeira comunhão. E à angústia da incomunicabilidade acrescenta-se, pois, a da inconsistência de toda aproximação física: quando os amantes pousam os lábios, um no outro, "como taças, oh, como se evade então, estranhamente, o embriagado".

Na última instância do poema, Rilke opõe a plenitude do mundo grego com suas virtudes apolíneas de medida e moderação, tão manifestas nos gestos sem peso das estátuas gregas, ao mundo fáustico, em que os corações desbordantes e insaciáveis já não se podem deter em sua paixão infinita. A pátria humana dos gregos que humanizavam até mesmo os próprios deuses, o seu equilíbrio dentro do mundo finito e auto-suficiente em que viviam, cedeu lugar ao desconforto do homem que descobriu o infinito e o drama de sua existência exposta e ameaçada.

Que harmonia é possível entre a torrente do vir-a-ser e a rocha do absoluto? Pudéssemos nós encontrar essa "estreita faixa de terra fértil, puramente humana, entre a torrente e a rocha!". Mas "nosso coração nos ultrapassa ainda como outrora", conclui o poeta, e lembramo-nos então da advertência de Nietzsche ao revelar que os gregos não desconheciam os sobressaltos e horrores da existência, mas tinham sido capazes de criar o "mundo médio" e apaziguante dos deuses olímpicos, "rosas florescidas em espinhoso matagal".

Terceira elegia

Há séculos, as mulheres vêm realizando sozinhas todo o amor, desempenhando ambas as partes do diálogo. "Pois o homem não faz mais do que repetir, e mal." Neste trecho dos "Cadernos", já se delineia o tema da terceira elegia que oporá à pura agilidade do amor feminino, liberto de todo o lastro, o desejo masculino, cujo signo é o do "culpado e oculto Deus-Rio do sangue". O homem ao amar é presa da divindade fluvial e despótica do sangue, "seiva imemorial" que se agita em suas veias, "invocando a noite para o delírio infinito". A amada não é mais do que um pretexto para que todas essas forças obscuras se desencadeiem, para que todo o atavismo adormecido nos abismos do seu ser emerja como um Netuno das profundidades marinhas. Mas o apelo brando da bem-amada tem a força de um exorcismo e ela o recolhe, como um noviço, na intimidade de seu coração, subtraindo-o às forças atávicas e ao convívio sombrio dos instintos. Não é ela, porém, a iniciadora e sim a mãe que o salvava, criança, do caos vacilante das noites. "Nenhum ruído que não explicasses, sorrindo, como se há muito soubesses *quando* o pavimento assim se comportava. E ele ouvia, apaziguado." Tudo quanto havia de desordenado no destino e no futuro inquietos que rondavam como fantasmas suas noites de insônia, era conjurado pela todo-poderosa que vencia pelo sorriso e pela suavidade da voz. Ela era impotente, entretanto, diante do sono que o conduzia para o labirinto do vir-a-ser interior, para o bosque ancestral denso de primitivas estruturas e de formas vagas "que fugiam, bestiais, crescentes e opressivas". No caos selvagem da origem poderosa ele mergulhara as raízes, conivente com o Espanto, "regurgitado pelos ancestrais". Na imanência desse mundo torturante de forças obscuras, ele se abandonava, por fim, ao estado aquoso e indiferenciado da vida intra-uterina.

"Não amamos como as flores, depois de uma estação", prossegue o poema. E a "seiva imemorial", elaborada há milênios, que impele e condiciona o impulso erótico, é a vontade schopenhauriana da preservação, o anonimato da espécie e sua história abscôndita que se revelam na sexualidade masculina. É o domínio do inconsciente que dissolve toda escolha lúcida, todo elemento mais nobre do amor, nas cegas manifestações da vida cósmica, na turbulência do "fermento inumerável". Mas talvez a jovem possa recuperar o amante e retê-lo, revelando-lhe a constelação da pureza que brilha na face desconhecida das noites.

Quarta elegia

A QUARTA ELEGIA é a mais obscura de todo o ciclo, dura e amarga, áspera como um monólogo interior. "É difícil amá-la", diz E. M. Butler, "mesmo quando se consegue superar em parte as dificuldades intelectuais que apresenta, por causa da impiedade com que repudia todos os valores humanos, procurando convulsivamente sobrepujá-los." Rilke dissera certa vez que amava as coisas, os animais e os anjos, confessando ter saltado o capítulo da humanidade. De qualquer forma, na quarta elegia, ele expulsa o homem da cena do mundo, invocando o boneco e o Anjo, "ator que anima os títeres".

O verso inicial "Ó árvores da vida, quando atingireis o inverno?" não pode ser compreendido senão em função da idéia rilkeana de que o homem, desligando-se da natureza, perdeu a unidade cósmica das aves migradoras que vivem ao ritmo das estações, a perda dessa pureza e lucidez originais condenando-o ao conhecimento "indiferente" da primavera e do inverno, da vida e da morte. "Conhecemos igualmente o florescer e o murchar." Enquanto o animal vive a plenitude do instante, alheio ao desamparo que adviria do conhecimento da morte, o homem vive o drama de sua existência dividida. Nem mesmo o amor é bastante poderoso para unificá-lo, e os amantes não fazem mais do que hesitar "entre limites", eles que procuravam com tanto ardor o refúgio de uma pátria comum.

A oitava elegia terminará pela constatação dolorosa de que o homem, espectador em tudo e sempre, vive "numa incessante despedida". Não é outro o sentido da imagem do "palco sombrio do próprio coração", evocado na quarta elegia, diante do qual aguardamos o desenrolar de nossa própria história, espectadores e espetáculo, simultaneamente. "Ergue-se o pano sobre o cenário de um adeus", o que se entende, pois há "um ar de despedida em tudo que fazemos", seres provisórios que somos, comprometidos na fuga do tempo. Surge então o anunciado bailarino que consubstancia tudo quanto a vida tem de promessa e fervor; mas logo após os primeiros passos seus pés já se fazem tardos, e, transformado num pesado burguês, "entra na casa pela porta da cozinha". O poeta pretende aqui humilhar a vida, denunciando a lei de degradação e empobrecimento de todo desenrolar vital; porém, não é a vida a verdadeira responsável, pois "tudo quer planar" (*alles will schweben*): é o homem, dançarino malogrado, que com o seu "espírito da gravidade" impede a levitação das coisas e dos sentimentos, arrastando tudo em sua queda desastrosa.

"Não quero essas máscaras ocas, prefiro o boneco...", exclama o poeta, decidindo-se pela missão poética que o levará a realidades mais profundas. Repudiará sem vacilações todo contato humano, tornar-se-á solitário como um claustro, suportará a imobilidade exasperante do títere inanimado. Sua expectativa é, porém, tão intensa e dolorosa, tão prefiguradora do que deve ser, que "um Anjo surgirá para refazer o equilíbrio, como o ator que anima os títeres".

"Anjo e boneco: haverá por fim espetáculo." Segundo o penetrante comentário de Angelloz, a equação Anjo-boneco de Rilke corresponderia ao Deus-fantoche articulado de Kleist: "O poeta quis certamente descobrir o estado de equilíbrio em que o Anjo e o boneco, isto é, o espírito e a matéria, se unissem para formar, numa verdadeira síntese, o ser humano". E é na existência misteriosa da criança que vive, "nos limites do mundo e do brinquedo", a alegria do perdurável, na criança em cuja obscuridade repousa a semente da morte, que Rilke reconhece a plenitude desejada de uma realidade que amadurece com a verdade dos frutos.

Quinta elegia

Depois do silêncio cortado de angústias, da solidão fantástica, da atmosfera quase irrespirável da quarta elegia, em que a vida se contrai intimidada, somos precipitados num torvelinho de movimentos frenéticos, e o títere imóvel cede lugar a um grupo de saltimbancos acrobatas. É sabido que Rilke escreveu a quinta elegia sob a forte impressão que lhe causara um quadro de Picasso, *Les saltimbanques*, cujo motivo é um grupo melancólico de artistas errantes, cena freqüente nos subúrbios de Paris e que sempre emocionava profundamente o poeta. A correspondência entre as figuras do quadro e as do poema não é absoluta, mas se evidencia entre o homem vestido de arlequim (no quadro) e a figura evocada no poema como "o jovem, o homem", o que bate as mãos para o salto; o velho "encolhido na pele poderosa" foi sugerido provavelmente pela volumosa figura que aparece no quadro com um barrete cônico; o menino que aparece num dos mais belos mosaicos da elegia, despenhando da árvore humana do "movimento construído em conjunto" como um fruto imaturo, e que tenta uma visagem terna diante de mãe raramente carinhosa, é a pequena figura patética que aparece no quadro com um ar de desamparo, as mãos tímidas e abandonadas; a menina que se apóia levemente numa cestinha de junco é evocada no poema como a graciosa de franjas felizes.

A quinta elegia é toda impregnada de um sentimento penoso de frustração e de inautenticidade; os saltimbancos (e neles a humanidade) não são movidos pelo Anjo que se alheia à dor humana, mas como que se retorcem numa vida galvânica e desesperada – "por amor de que vontade jamais saciada?". Presos à imanência de um mundo incompreensível, "tapete gasto, adelgaçado pelo eterno salto", sua existência é esse indigente *estar lá*, o estado de derelicção. O poeta exprime essa idéia por meio de um jogo de palavras que não foi possível manter perfeitamente na tradução. O grupo de saltimbancos, no quadro de Picasso, excetuando a figura isolada à direita, compõe um perfeito D maiúsculo, letra inicial da palavra alemã *Dasein*, existência. A palavra *Dasein* pode ser decomposta em *Da* e *Sein*, cuja significação respectiva é *lá* e *ser* ou *estar*. Usando os reflexos cambiantes desse vocábulo, Rilke evoca o doloroso grupo de *dilettanti* na arte e no amor, que *está lá*, simplesmente, "onde o céu do subúrbio feriu a terra".

"Em torno deste centro, a rosa do contemplar: floresce e desfolha." Em torno dos saltimbancos de sorriso simulado (fina superfície, brilhando como a casca de um fruto artificial), os espectadores vão e vêm, indiferentes, como as pétalas de uma rosa em torno do pistilo. Talvez fale aqui o desalento do poeta em relação à "arte pela arte", jogo intranscendente, incapaz de iluminar realmente a vida humana.

Na quarta elegia o poeta espera tudo da arte, da solidão cheia de prenúncios, do Anjo que, movendo cordéis misteriosos, consumasse a transmutação do visível no invisível, sublimando o mundo no plano estético. Na quinta elegia, paradoxalmente, ele pede ao Anjo que abrigue numa carinhosa urna o sorriso de amor do pequeno saltimbanco, sorriso que ninguém viu, erva medicinal de flores singelas que o boticário divino deverá preservar como um remédio precioso para a dor do mundo. "Celebra-a em carinhosa urna, com uma inscrição florida e inspirada: *Subrisio Saltat*", subrisio saltatoris, sorriso de saltimbanco. O amor é exaltado acima de tudo e é no rosto de uma criança que flutua por um momento, bom e verdadeiro. Mas o jogo dos homens prossegue às cegas, mecanismo desvairado. A menina triste de franjas felizes é exibida como um fruto indiferente de feira, "colocada sempre de um modo novo sobre os carros oscilantes do equilíbrio". O poeta clama então pela ruptura desse virtuosismo fácil e mecânico, invoca reinos de dificuldade, "onde os lastros ainda têm peso, onde os arcos ainda bamboleiam fugindo às varas que giram inutilmente". O inefável surgirá, talvez, não dos prodígios de malabarismo, mas da "insuficiência pura" que incompreensivelmente se transforma, como o cálculo de muitos algarismos se resolvendo sem números.

Como que contaminado pelos versáteis saltimbancos, o poeta salta para o problema da morte. Num tom de premeditada volubilidade ele nos informa que a incansável "Madame Lamort" confecciona chapéus fantasistas, a preços módicos. Os caminhos inquietos do mundo são tecidos e retorcidos em grandes laçarotes, flores, frutos artificiais, tudo falsamente colorido para os chapéus baratos do destino. Esta é a morte anônima das grandes cidades, a morte dos leitos numerados, dos homens que não contêm mais sua morte verdadeira como o fruto sua semente. Nos "Cadernos", Malte refletira, ouvindo o gemido das ambulâncias, que outrora "cada qual tinha a *sua* morte, e esta consciência proporcionava uma dignidade singular, um silencioso orgulho".

Na última instância do poema, transportando-se para a perspectiva do Anjo, Rilke vê os homens libertos do jogo estéril da arte intranscendente, salvos da morte anônima e, portanto, da vida inautêntica, realizando, numa "praça por nós desconhecida", milagres de harmonia, ousadas figuras inspiradas por verdadeiros impulsos do coração. Somente nessa simbiose de amor e morte, no seio da autenticidade, o homem aprenderia a sorrir verdadeiramente.

Sexta elegia

Na primeira elegia, Rilke afirmara ser a morte do herói seu nascimento definitivo: "...lembra-te, o herói permanece; sua queda mesma foi um pretexto para ser: nascimento supremo". Na sexta, ele retoma o tema em toda a sua amplitude, iniciando-nos no mistério próprio dessas existências de exceção. Não nos enganemos com o significado que o poeta confere à noção de herói e de heroísmo. Endossando a frase de Emerson: "Herói é aquele que permanece incomovivelmente centrado", Rilke estende o sentido da conduta heróica ao santo, ao grande artista, a todos aqueles que se furtam ao desperdício e à distração, ao "fascínio do florescer", *escolhendo* seu próprio destino. Este poder de escolha aliado ao ímpeto criador e à agilidade ontológica dos que não repousam jamais *denn Bleiben ist nirgends*, detém o caráter essencial da heroicidade. Coexiste, entretanto, no poema, uma idéia mais restrita do gesto heróico que o vincula à tônica romântica de seu poema "Canção de amor e morte do porta-estandarte Cristóvão Rilke", escrito muitos anos antes.

Novalis já dissera: "O largo tempo debilita, o curto intensifica". Assim é que o herói conhece a impaciência da figueira cuja seiva, ainda sonolenta, é abandonada ao doce destino de sua frutificação prematura. Como o húmus da terra e as chuvas generosas conspiram para a eclosão dos frutos, o Destino "para nós mudo e obscuro" precipita a floração de seus eleitos que, mal iniciada a primavera, já se resolvem no fruto derradeiro da morte. Enquanto a vida nos enleia e nos retarda na medida do tempo, o herói *quer* a metamorfose e o ritmo vertiginoso das grandes ascensões.

Sétima elegia

No poema intitulado *Klage*, escrito em 1914, Rilke entra em luta com a perplexidade e o sentimento de abandono que o haviam dominado logo após o seu "combate com o Anjo", que foi a criação dos "Cadernos de Malte Laurids Brigge". O que é a lamentação?, pergunta ele. "Uma semente de júbilo que tomba, imatura. Agora, porém, em meio à tempestade, desabrocha em mim a árvore do júbilo, minha lenta árvore do júbilo." Nesta mesma atmosfera irrompe o canto estival da sétima elegia, que em tantos momentos lembra o canto imortal de Zaratustra: "Profunda é a dor, mas a alegria é ainda mais profunda. A dor diz: Passa! Mas toda alegria quer eternidade, quer profunda eternidade".

A elegia começa com a afirmação da vida e de todas as suas possibilidades, com a Anunciação do terrestre acima de tudo quanto a existência possa ter de insofrível e malogrado. O poeta sente-se exaltado pela "pura afirmação de um dia", sua solidão é plenitude e até mesmo o eterno retorno das águas das fontes parece-lhe denso de sentido, "jogo promissor" prestes a estalar em revelações. Como um pássaro "erguido pela estação que ascende", ele se entrega à embriaguez do mundo e este abandono à riqueza da vida amplia seus sentidos, multiplica visões exacerbadas: "Não somente as manhãs de estio... não só o ardor das forças desencadeadas... não só a proximidade do sono e um pressentimento ao crepúsculo... mas as noites! As grandes noites de verão e as estrelas, as estrelas da terra!". E se há um pensamento de morte nesse transbordamento vital, é impregnado de sentido telúrico: "Oh, estar morto um dia e conhecer infinitamente todas as estrelas!". A elegia prossegue com a invocação da amada. Haveria, porém, tal força terrestre nesse apelo, que as jovens mortas, abandonando os túmulos inseguros, acorreriam ávidas de viver horas perdidas. Contudo, o poeta as adverte: "Não, não acrediteis que o Destino seja mais do que a infância e do que ela contém". Aqui retornamos a uma constante da poesia rilkeana que é o tema da infância, "o país da infância", duração esquiva às medidas do tempo, eterno presente em que se *é* com plenitude, "as veias túmidas de ser".

O poema se detém, então, no poder preservador do espaço interior ao homem: "Em parte alguma, bem-amada, o mundo existirá senão interiormente". Rilke já dissera em outra poesia que "através de todos os seres expande-se o único espaço: o espaço interior do mundo (*Weltinnenraum*)". As pedras que se amontoam em desordem, os frontões semidestruídos, as colunas partidas, as estátuas mutiladas, tudo isto persiste misteriosamente em nossa imaginação, como se o tempo não tivesse passado sobre eles. E são os homens criadores, os homens de coração pródigo que os reconstroem milagrosamente, devolvendo-lhes o antigo esplendor. Alguns, porém, já se vão tornando cegos e empobrecem o mundo em sua única dimensão autêntica: a interior.

Na instância seguinte, o poeta eleva a voz para celebrar os grandes feitos artísticos que o homem realizou em seu espaço próprio. E num transporte *vê*, no olhar do Anjo, a redenção e o reerguimento dos grandes templos desaparecidos, cuja existência transita assim do plano incerto do humano para o plano invisível e definitivo da transcendência. Ao mesmo tempo, entretanto, sua consciência terrestre o arrebata diante do poder humano de criar beleza, e ele invoca o testemunho e o assentimento do Anjo sempre ausente: "Ó Anjo, assombra-te com o *nosso*, tais coisas pudemos!...Chartres era grande e a música erguia-se ainda mais alto e nos ultrapassava". Não esquece também, nessa exaltação do aqui e agora, a sublimidade do amor plenamente generoso e doador: "E até mesmo uma jovem amorosa, absorta na janela noturna... não alcançava teus joelhos?".

No momento final do poema ressurge a ambivalência do poeta em relação a essa realidade distante e inacessível que, se por um lado lhe dá a medida do eminente e sublime, por outro lado o confunde e esmaga: "Como um braço estendido é meu chamado. E a mão que, ávida, se espalma para o alto fica diante de ti, ó Inapreensível, como defesa e advertência, amplamente aberta!".

Oitava elegia

A Rudolf Kassner devemos talvez as mais interessantes observações sobre a oitava elegia, a ele dedicada. Repudiando a posição assumida por Rilke nesse poema saturado da nostalgia do "Aberto" (*das Offene*), estado inefável de fusão do sujeito e do objeto, Kassner acusa o poeta de uma estranha espécie de atavismo; segundo ele, o mundo ao qual Rilke se apega é o mundo do Deus-Pai, o mundo do Velho Testamento, ou, por outra, sua atitude é a de um descendente do mundo mágico dos velhos hindus, egípcios e etruscos que, à maneira do poeta, compreendiam a vida e a morte como um grande Todo. Kassner considera Rilke um não-convertido ao mundo do Deus-Filho, do Deus inserido na finitude, em movimento, em eterno anseio espiritual. A concepção rilkeana da realidade é, de fato, fundamentalmente "espacial", e a tônica das elegias parece estar no desespero da temporalidade inerente à condição humana. Na quinta elegia, Rilke se refere à "vazia plenitude" do absoluto numa seqüência de símbolos puramente espaciais: "Onde, onde é o espaço – levo-o no coração –...". Na sétima elegia, são as jovens que, ultrapassando o amado, precipitam-se na fuga bem-aventurada "sem outro fim que o livre espaço". Ou então é o absoluto da infância que é invocado, plenitude vital alheia ao vir-a-ser.

Na oitava elegia, Rilke desenvolve em toda a sua riqueza o tema do homem expulso da unidade cósmica, desligado do ritmo original das fontes que fluem sem perguntas para a eternidade. O animal também vive em comunhão com o todo, imerso na abundância do "Aberto" (das *Offene*): "...ele vê tudo onde nós vemos futuro, em tudo se vê e salvo para sempre". Daí esse espaço profundo que há em sua face, "isento de morte".

As crianças e os moribundos participam às vezes desse inefável "em parte alguma, sem nada" (*Nirgends ohne Nichts*), e os amantes também sentem por momentos "a obscura presença e se espantam...". Mas a condição própria do homem é ineludível: "estar em face do mundo, eternamente em face".

Poder-se-ia talvez estabelecer um paralelo entre esta intuição poética de Rilke e a concepção de Ludwig Klages que, partindo da oposição alma-espírito – isto é, do que se poderia chamar vitalidade cósmica, por um lado, e consciência do eu, por outro –, chegou à conclusão de que a consciência lentamente conquistada pelo homem destruiu as conexões vitais magnéticas que o ligavam à natureza. Assim, ao ganhar o espírito, o homem teria perdido a alma. É muito possível que Rilke não desconhecesse o pensamento de Klages, seu contemporâneo, filósofo pertencente ao círculo de Stefan George. De qualquer maneira, não se pode negar que a oitava elegia, como a concepção vitalista de Klages, assenta numa grande nostalgia de irracionalidade, de fundo atávico, como dizia Kassner. Ela nos faz lembrar também outro grande vitalista, Nietzsche, quando este afirmava que, pensando e querendo, o homem "destruiu e perdeu seu instinto; não pode mais, confiando no animal divino, deixar soltas as rédeas quando sua inteligência vacila e seu caminho passa através de desertos".

A relação de conhecimento supõe sempre um sujeito e um objeto – daí a condição humana de "estar em face" das coisas, irremissivelmente. O tempo existe para nós que dividimos a realidade em porções e enquanto *vemos* a *parte*, o animal *participa* do todo, "salvo para sempre", pois sua história é a história do Cosmos. Porém, adverte o poeta, até mesmo no animal há uma profunda nostalgia, a nostalgia da "primeira pátria", pois que "o ventre é tudo". No pássaro, há uma "quase certeza" porque pertence, pela origem, aos dois domínios "como se fosse a alma liberta de um etrusco, que o espaço acolheu, mas com a imagem repousando a recobri-lo". (Rilke refere-se aqui à antiga representação que os etruscos faziam da alma, como pássaros libertos, e que eram pintados nas paredes dos sarcófagos. A parte superior do esquife que encerrava o morto, reproduzia a sua imagem, em repouso.) A alma que se liberta do corpo é excluída deste, como o pássaro do ovo, passando ambos de um domínio mais restrito (a vida e a obscuridade do ovo), para o domínio da visão total (a morte, o espaço livre). Nas "Histórias do Bom Deus", Rilke sugerira que, devido à solicitude dos Anjos, Deus dotou os pássaros de asas para que houvesse na terra alguns seres semelhantes aos Anjos. Como é diferente o vôo falso do morcego, que, num impulso desajeitado e inseguro (pois que provém de um ventre), "fende o ar, taça partida".

E a elegia termina pela constatação dolorosa do extravio humano, uma vez que perdemos a certeza dos ritmos cósmicos e aquela verdade das flores de que fala Fernando Pessoa.

Nona elegia

Leishman considera a nona elegia como a mais entranhada à experiência pessoal do poeta, e, considerando inconsistente qualquer simbolismo esotérico que se queira atribuir ao "loureiro", evocado logo nos primeiros versos, sugere que Rilke, ao contemplar os magníficos loureiros do parque de Duíno, lembrando-se da lenda de Daphne (que inspirou um dos Sonetos a Orfeu), talvez idealizasse por um momento o destino humano à maneira de uma árvore tranqüila, agitada somente "no contorno das folhas (como um sorriso do vento)". Werner Günther, no entanto, vê nos seis primeiros versos dessa elegia a expressão do grande dilema que atormentou o poeta: abandonar-se ao fluir vital, à riqueza própria da existência, ou entregar-se totalmente à missão poética, deixando "que os espinheiros invadissem sua vida como uma senda abandonada". Numa carta a Lou Andreas Salomé, referindo-se a Rodin, Rilke insiste mais uma vez nesse mesmo problema que tão diretamente o tocava: "Sua vida cotidiana e os homens que nela tomam parte estão lá, como um leito deserto através do qual ele não corre mais; mas isto nada tem de triste, pois ao lado pode-se ouvir o tumultuar grandioso e a marcha imponente do rio que não quis se dividir em dois braços... E eu creio, Lou, que assim deve ser: esta é uma existência, aquela é outra, e não fomos feitos para ter duas existências". Assim, para ele, o homem verdadeiramente criador não pode fazer concessões à vida, mas deve, centrando-se em sua tarefa, redimir a terra cuja maior nostalgia é "renascer invisível em nós"; e isto, não como prestidigitador ou saltimbanco, mas como cavaleiro andante das coisas efêmeras que "estranhamente nos solicitam. A nós, os mais efêmeros".

A nona elegia está estreitamente vinculada ao sentimento de exaltação criadora que anima os "Sonetos a Orfeu". "Celebrar, eis tudo!", é a fórmula mágica do sexto soneto órfico: por meio dela, o poeta, como um novo Orfeu, logrará conjurar o finito e o transitório. Como o seu bem-amado Kirkegaard, Rilke não teme o paradoxo: é no coração frágil do homem, o mais efêmero de todos os seres, que se cumpre a transmutação do finito em infinito, do transitório em eterno; em seu coração a "externalidade" será enfim devolvida ao Absoluto. Como? Através da aceitação plena do terrestre, afirmando apaixonadamente o "aqui e agora", vendo na morte não o "outro lado", a promessa da transcendência, mas a mais íntima e sagrada inspiração da terra. Nessa imanentização os opostos coincidem, o finito se infinitiza, o efêmero se eterniza.

A tarefa poética é sagrada; o poeta não é um "virtuose" a exercitar o próprio coração, mas é o "salvador" das coisas torturadas que o utilitarismo feroz vai transformando num "fazer sem imagem". Esta mesma idéia aparece num dos sonetos, de modo admirável: "Oh, que mestres corruptores nós somos para as coisas, pois elas têm o dom da eterna infância".

É preciso, pois, transformar tudo em canto, ferir a melodia potencial das coisas simples, configuradas de geração em geração: "Estamos *aqui* talvez para dizer: casa, ponte, árvore, porta, cântaro, fonte, janela –, e ainda: coluna, torre... Mas para dizer, compreenda, para dizer as coisas como elas mesmas jamais pensaram ser intimamente". Colha-se, pois, a palavra pura, como flor das montanhas, a simples coisa transfigurada, transformada em "ilha", em "círculo de solidão". Quanto aos sentimentos humanos, esse "punhado de terra do indizível", como ousar levá-lo à presença do Anjo, o supremamente intuitivo? O amor é tarefa anônima de gerações e em vão a terra, ávida de sublimar-se no invisível, se insinua no coração dos amantes para que "tudo se rejubile no seu sentimento". É o poeta-sacerdote do dizível e não o amante com sua indigente porção de indizível que saciará o anseio de transfiguração das coisas terrestres.

DÉCIMA ELEGIA

A DÉCIMA ELEGIA realiza a síntese das duas tonalidades poéticas de Rilke: a lamentação (*Klage*) e o louvor (*Rühmung*). E esta, como sugere Angelloz, é tarefa do coração. "Que nenhum claro golpe dos malhos do coração desentoe sobre cordas frouxas, vacilantes ou desgarradas! Que meu rosto se ilumine sob o pranto! Que a obscura lágrima floresça!"

Em uma de suas cartas, Rilke se acusa de ter traído até então o profundo sentido do sofrimento: "... tenho sido mais do que nunca unilateral: a lamentação tem preponderado freqüentemente. No entanto, sei agora que só se justifica um uso tão pleno das cordas da lamentação, quando se está disposto a feri-la em canções".

A décima elegia é justamente essa afirmação jubilosa e vibrante da Dor, "nossa folhagem de inverno, nossa pervinca sombria, *uma* das estações do ano secreto", isto é, da existência humana como interioridade. Esse canto transfigurado que ascenderá até os Anjos aprovadores não é a expressão da simples alegria que brota dos aspectos amáveis da existência, mas é o poderoso canto fecundado pelas "noites de aflição". "O caminho da verdadeira vida", diz Angelloz, "atravessa a dor.

A décima elegia será verdadeiramente a evocação da senda que o homem deve seguir para alcançar o real pelo sofrimento: essa senda o conduz da cidade à campina, e, através do reino das Lamentações, até à montanha da Dor Original": As grandes educadoras do homem sendo a Morte e a Dor, compreendemos sem dificuldade o sentido dessa lenta peregrinação do jovem morto, conduzido pela Lamentação através das paisagens melancólicas do país da Dor, assimilado à imagem do velho Egito onde testemunha a Esfinge miraculosa, filha dos homens, das estrelas e do vento largo dos espaços cósmicos.

Mas a primeira visão que o poeta nos impõe é a da "feira de encapelado contorno", onde reina o dinheiro e a ânsia de prazer. Numa seqüência de imagens poderosas, Rilke projeta diante de nossos olhos as ruas estranhas da "Cidade-Aflição", o monumento trepidante da multidão anônima e do seu transviamento, e as tristes igrejas compradas feitas, "mercados de consolo" por onde passariam, sem deixar vestígios, Anjos alheados... A feira é um mar agitado e a multidão a ela aflui, "pois há uma tenda apregoando, ruidosa, para cada anseio". A existência banal não se resolve acaso numa projeção dos apetites humanos? Um pouco adiante, encontram-se os cartazes convidativos dos "libertos da morte", cerveja amarga da inautenticidade que pode parecer doce àqueles que a bebem "mastigando frescas distrações". O "liberto da morte" é aquele que, na acepção existencialista (e o Rilke das Elegias é, na opinião de Heidegger, um poeta nitidamente existencial), escamoteia o sentimento da morte, um dos maiores estímulos da existência autêntica.

Já nas elegias anteriores (particularmente na quinta e oitava) percebe-se a polaridade estabelecida por Rilke entre as "formas decadentes do existir" e o acesso a planos mais altos da existência. Assim é que nesse tumultuar caótico, um jovem se afasta cada vez mais dos caminhos da multidão, em busca de um atalho vagamente pressentido. Deixando para trás os últimos cartazes, ele tem, subitamente, um vislumbre do *real*: "as crianças brincam, os amantes se ignoram, graves, sobre a erva rala e os cães seguem a natureza". Reaparece aqui, num traço, a vivência do "Aberto", tema da oitava elegia; e o quadro breve que a veicula nos aponta de novo a criança, os amantes que ultrapassaram o objeto amado e o animal tranqüilo que "vê tudo onde nós vemos futuro, em tudo se vê e salvo para sempre". Enquanto o jovem hesita no limite da Cidade-Aflição e do campo que se desenha na distância, surge uma jovem Lamentação. Ele se dispõe a segui-la, mas a vida que ficou para trás o atrai poderosamente e o jovem abandona por fim aquela que lhe impõe a severidade de um longo e obscuro percurso: "Longe, vivemos muito longe...".

Somente os que morreram jovens, no assentimento pleno de trilhar o mais árduo, a seguem por amor. Apenas esses estão maduros para a iniciação nos mistérios da Dor original. Agora é a mais velha das Lamentações que se propõe como guia, é ela que conduz o morto através da paisagem reveladora. Percorrem juntos "campos de nostalgia em flor", onde ela lhe mostra, pascendo, "o rebanho da tristeza". Com a vinda do crepúsculo eles podem mergulhar enfim no fundo das idades, onde jazem as Sibilas e os Profetas. À noite, já podem adivinhar a Esfinge sublime que vela sobre o mundo, "face da câmara secreta". O olhar do jovem sobrenada ainda à morte que há pouco o atraiu para si e não pode, pois, suportar o impacto tremendo daquela presença hierática, mas o olhar maduro da velha Lamentação pousa com tal força na imagem sobrenatural, que um mocho espantado levanta vôo do seu esconderijo, atrás do pschent (termo possivelmente copta, que designa o diadema único, resultante da união das coroas branca e vermelha, símbolos de realeza do norte e do sul do Egito).

Em sua penetrante exegese, diz Angelloz: "A este homem que ainda não *viu* a morte, mas que deve ao seu novo estado um ouvido infinitamente mais sutil, o pássaro da sabedoria faz compreender o contorno 'inefável' da figura sobrenatural, traçando-a docemente em suas orelhas, duplo livro aberto a esta revelação". E sugere que talvez o significado dessa "dupla folha aberta" se refere ao "Livro dos Mortos" egípcio, que dava ao morto a bem-aventurança do Além.

E a peregrinação prossegue, desdobrando-se agora o grande céu noturno, onde brilham, recém-nascidas, as estrelas do país da Dor. A Lamentação revela seus nomes, lentamente, para não ofuscar o noviço que a acompanha: "Aqui, veja: o *Cavaleiro*, o *Bordão*, e a esse denso grupo de estrelas nós chamamos *Coroa de Frutos*. Além, perto do pólo: *Berço*, *Caminho*, *O Livro Ardente*, *Boneca*, *Janela*. E no céu do sul... o fulgor límpido das Madres...".

Leishman atribui a H. Cammerer a interpretação mais aguda dessas estrelas simbólicas: o *Cavaleiro* diz respeito à natureza humana simbolizada pelo cavalo e ao princípio espiritual representado pelo cavaleiro que o domina; o *Bordão* lembra a peregrinação, a busca do real; a *Coroa de Frutos* sugere o processo árduo da vida; o *Berço* simboliza o nascimento e a morte; o *Caminho*, aquilo que se busca e tão raramente se encontra, é o atalho da vida verdadeira; *O Livro Ardente* é o símbolo da revelação; a *Boneca* representa a pureza da coisa, nas mãos inocentes da criança; a *Janela* é o símbolo da espera, e as Madres representam o princípio protetor e santo que se eleva sobre tudo.

Mas o morto deve prosseguir e a Lamentação o leva à garganta do vale, onde brilha ao luar a fonte da Alegria: no fim, e não no início, pois o caminho que a ela conduz deve ser longo, para que o homem amadureça e compreenda.

O percurso que resta a fazer é a solidão, e enquanto a velha Lamentação chora ao pé da montanha, o morto ascende solitário, ao encontro da Dor original. Nesse total assentimento à morte reside o mistério glorioso da nova germinação e do florescimento decisivo.

Este livro, desenhado pela Inc. Design Editorial na fonte Fairfield e paginado por Alves e Miranda Editorial, foi impresso em pólen bold 90g com fotolitos do Bureau Spress na Gráfica Imprensa da Fé.
São Paulo, Brasil, na primavera de 2010